口才三绝

会赞美　会幽默　会拒绝

苏　淓一著

中国华侨出版社

北京

图书在版编目（CIP）数据

口才三绝：会赞美会幽默会拒绝 / 苏溙著 . -- 北京：中国华侨出版社，2019.7

ISBN 978-7-5113-7920-7

Ⅰ . ①口… Ⅱ . ①苏… Ⅲ . ①口才学—通俗读物

Ⅳ . ① H019-49

中国版本图书馆 CIP 数据核字（2019）第 137228 号

口才三绝：会赞美会幽默会拒绝

著　　者：苏　溙
责任编辑：黄　威
封面设计：韩立强
文字编辑：朱立春
美术编辑：吴秀侠
经　　销：新华书店
开　　本：880mm×1230mm　1/32　印张：6　字数：180 千字
印　　刷：北京德富泰印务有限公司
版　　次：2019 年 12 月第 1 版　2021 年 5 月第 7 次印刷
书　　号：ISBN 978-7-5113-7920-7
定　　价：36.00 元

中国华侨出版社　北京市朝阳区西坝河东里 77 号楼底商 5 号　邮编：100028
法律顾问：陈鹰律师事务所
发 行 部：（010）58815874　　传　真：（010）58815857
网　　址：www.oveaschin.com　E－m a i l：oveaschin@sina.com

如果发现印装质量问题，影响阅读，请与印刷厂联系调换。

前言

美国成功学大师戴尔·卡耐基说："当今社会，一个人的成功，仅仅有 15% 取决于技术知识，而其余 85% 取决于人际关系及有效说话等软本领。"可见说话的艺术和技巧极其重要。

说话是最容易的事，也是最难的事。想要将话说出水平，说出境界，就需要了解和掌握语言表达中的三大关键要素：赞美、幽默、拒绝。看到别人的优点时多加赞美，遇到冷场时来句笑话，遭遇两难时巧妙拒绝，这是无往不胜的口才三绝，是交际场上的制胜法宝。赞美、幽默、拒绝，看似简单的六个字，却包含了人生大智慧。

人人都渴望被赞美，抓住对方的心理，找到对方的闪光点，然后对其给予认可和称赞，会有出乎意料的显著效果。我们不仅要学会赞美他人，更要学会赞美自己，这是一种聪明的自我推销手段，是一种积极的心理暗示，能让你更加自信，更容易做成事。

幽默让你魅力倍增，我们每个人都拥有幽默细胞，当我们与熟识的人谈天说地，与亲近的人相互交心，我们总能自然而然地蹦出一两个幽默的句子，让他人开怀，也让自己开怀，可一旦到了交际场合，我们就无法那样随意了，有时竟变得笨嘴拙舌，甚至出错，触碰别人的禁忌。这其中很大一部分原因是我们没有掌握幽默的技巧。本书教你如何急中生智，瞬间打动他人；如何培养社交场上的幽默感；如何在恋爱、生活中保持幽默感；如何在工作中游刃有余，变得机智幽默。

拒绝让你从此少受伤。我们不懂拒绝往往是因为"不好意思"，别人的一阵鼓动，一副恳求的眼神，一个乞求的声音，就能把你已在嘴边的"不"化为"是"。你是否发现自己为了使他人满意而不断地说"是"？你是否有过说了"是"却事与愿违或者使自己承担了不愿意做的事情的经历？你是否因为过度使用"是"而失去了属于自己的时间？本书从多方面详述了如何说"不"的能力，通过具体事例让你将难说的话变轻松，让你在风趣中保全双方情面，让你轻松掌握拒绝这门学问。

本书分为会赞美、会幽默、会拒绝三篇，每篇都通过精彩事例形象阐述了口才的技巧，告诉你如何通过出色的语言表达给对方带来快乐，增进彼此间的情感，促进相互间的理解，进而提高自己的社交技巧，树立健康乐观的个人形象，让你成为一个人见人爱的说话高手，轻松走向成功的人生彼岸。

目 录
CONTENTS

第二章 赞美自我的推销艺术——自卑者错过机遇，自信者创造机遇

第三章 赞美他人的说话艺术：不同对象，巧妙夸奖

中 篇

会幽默——让你的魅力倍增

第一章　即兴幽默——急中生智，瞬间打动他人

第二章　处世幽默——巧妙化解矛盾冲突

下 篇

会拒绝——让你从此少受伤

第一章 巧妙说"不",别让不好意思害了你

第二章 诙谐说"不"——风趣中保全双方情面

第三章 说"不"的能力——让难说的话变轻松

第四章 做"不"的主人——让你从此少受伤

上 篇

会赞美

——让你处处受欢迎

第一章

赞美的心理要领——把话说到他心坎儿里

人人都渴望被夸奖

赞美对任何人来说都是非常受用的。哲学家、心理学家威廉·詹姆士曾说过："人类本质中最殷切的要求就是渴望被肯定。"的确，当一个人应该得到赞美却得不到时就会心灰意冷、牢骚满腹，甚至从此自暴自弃。反之，当他听到别人对自己长处的赞美时，就会感到愉快，鼓起奋进的勇气。即使他现在还不够完美，只要你给他充分的、恰如其分的赞美和肯定，那么在不久的将来，你就会惊喜地发现，他已经成为你想让他成为的那类人了。

从心理学的角度来看，人们的行为受到动机的支配，而动机又是随着人们的心理需要而产生的。一旦人们渴望得到他人肯定的心理需要得到满足，便会成为使其积极向上的原动力。比如在训练运动员的过程中，如果教练员能够适时地对运动员所取得的训练成绩予以肯定，很多时候就可以促使运动员完成他一直无法完成的某一高难度动作或姿势。

赫洛定律是一种人际关系的需求理论，它强调满足对方的渴求，以此获得对方的认可与信任。就说话而言，我们与人交谈，从某种意义而言，就是一种探求对方需求的过程，通过这种过程，我们知晓对方的心理活动，由此确定下一步谈话的内容。根据赫洛定律，我们可以探求各种人的喜好，随之在谈话中多多运用对方喜欢的幽默段子，那么和谐而欢娱的气氛就油然而生。

喜欢被赞美是人的一种本性。古今中外无数人的言行都证明了这一点。

卡耐基小时候是一个公认的非常淘气的男孩。在他9岁的时候，父亲把继母娶进家门。当时他们是居住在弗吉尼亚州乡下的贫苦人家，而继母则来自条件较好的家庭。他父亲向她介绍卡耐基时说："亲爱的，希望你注意这个本地最坏的男孩，他可让我头疼死了，说不定他会在明天早餐以前拿石头扔你，或者做出别的坏事，总之让你防不胜防。"

出乎卡耐基意料的是，继母微笑着走到他面前，托起他的头看看他，接着又看看丈夫，说："你错了，他不是本地最坏的男孩，而是最聪明的却还没有找到发挥他聪明才智的方式的男孩。"继母的话说得卡耐基心里热乎乎的，因为在继母到来之前，没有一个人称赞他聪明，他的眼泪几乎滚落下来。从此以后，他和继母建立起了友谊，而这也成为激励他的一种动力，使他日后总结缔造成功的28条黄金法则，帮助千千万万的普通人走上了成功和致富的光明大道。

　　所有人都渴望被赞美。因为赞美，我们可以获得更多前行的动力，因为赞赏，我们可以确认自己存在的价值。吉祥上师对这一人性特点曾做过精准的剖析，他认为："我们大多数人总是希望得到别人的赞美，却很吝啬对别人的赞美。当我们做了一点儿小事的时候，总是希望别人可以来表扬自己。这是很多人都在不断重复的思维怪圈。"上师提醒我们说："应该多赞美别人，想想当我们取得了小小的进步，或者做了一点儿小事，别人总是击掌称赞的时候，想想我们在获得赞扬时的兴奋与喜悦，我们就应该怀着感恩的心，时刻提醒自己，好好去为别人的努力鼓掌，无论成功或失败。"

　　人们都会为真心诚意的赞赏所打动，领导也是如此。下属要善于抓住领导胜过别人的、最引以为豪的东西，并抓住时机进行赞美，这样往往能起到出乎意料的效果，达到和领导沟通的最终目的。对于这一点，历史上还有一个很经典的实例。

　　古时候，一个叫彭玉麟的官员，有一次路过一条狭窄的小巷。一个女子正在用竹竿晾晒衣服，一不小心竹竿掉了下来，正好打在他的头上。彭玉麟勃然大怒，指着女子破口大骂起来。那女子一看，认出是官员彭玉麟，不禁冷汗直冒。但她猛然间急中生智，正色道："你这副腔调，像行伍之人，这样蛮横无礼。你可知彭宫保就在此地！他清廉正直，爱民如子，如果我去告诉他老人家，怕要砍了你的脑袋呢！"彭玉麟一听这女子夸赞自己，不禁喜不自禁，而且他也意识到自己的失态，马上心平气和地走了。

　　晒衣女面对彭玉麟的怒气，急中生智，装作不知道对方是谁，斥责对方蛮横无礼，并且夸彭宫保清廉正直，说如果向其告状定会治他的罪。这说得彭玉麟心里美滋滋的：自己在民间居然有这么好的声誉，绝不应该为这点儿小事而损害形象。翻然醒悟之后，他便转怒为喜，一场眼看要爆发的争吵就这样被巧妙地化解了。

晒衣女的这一招的确高明，一句恰到好处的赞美往往能让对方熄灭怒火，因为维护自己在别人心目中的好形象是每个人本能的选择，在一番赞美面前，谁还有心情去生气呢？

讨厌别人赞美自己的人少之又少。即使有，其内心的本意也未必如此。因为人都有获得尊重的需要，而赞美则会使人的这一需要得到极大的满足。所以，要想获得他人的好感，最有效的方法就是适度赞美他。

每个人都有自己的优点和个性，如果赞美符合他人的实际情况，就会收到意想不到的效果，若只是凭空捏造、信口开河，则显得比较虚伪。假如你对我们的养护工人这样说："你真是一个成功人士，你有非凡的气质，你是一个伟大的人物。"那么你一定无法让他对你有好感。因为这句赞美的语言你用错了对象，自然就显得虚伪。对我们的养护职工你可以用"吃苦耐劳，不偷奸耍滑，对工作敬业，能吃苦不怕脏，聪明朴实，肯动脑筋"等语言给予肯定和赞美，这样的赞美才显得真诚。

赞美的语言人人爱听，这是人们的共同心理。恰如其分的赞美会让人精神愉悦，赢得他人的信任和好感。在许多场合，适时得当的赞美常常会产生神奇功效。美国前总统林肯曾经说过："人人都需要赞美，你我也不例外。"人人都渴望赞美，这是人们的共同愿望。领导对职工给予赞美，是对职工工作成绩的肯定，能鼓励职工充分发挥主观能动性和聪明才智，再接再厉地取得更多的成绩。朋友之间、同事之间互相赞美，能使彼此感情更融洽，友情更纯真。夫妻之间相互欣赏、赞美，可以增进感情、巩固婚姻。当父母的不失时机、恰到好处地赞美儿女，既能鼓励他们百尺竿头、更进一步，又可增强家庭的凝聚力。一个笑容可掬、善于发现别人优点并给予赞美的人，肯定会受到别人的尊敬和喜爱。留意别人的长处，学会欣赏别人，赞美别人，这是一门为人处世的艺术。

人际需求，给对方想要的赞美

赫洛定律是一种人际关系的需求理论，它强调满足对方的渴求，以此获得他人的认可与信任。就说话而言，我们与人交谈，从某种意义而言，就是一种探求对方需求的过程，通过这种过程，我们知晓对方的心理活动，由此制定下一步的谈话内容。根据赫洛定律，我们可以探求各种人对不同幽默的喜好，随之在谈话中多多运用令对方喜欢的幽默段子，那么和谐而欢娱的气氛就会自然生成。

在人的一生中，有无数让他们引以为豪的事情，这些都是每个人人生的闪光点。这些东西又会不经意地在他们的言谈中流露出来。对于一些引以为荣的事情，他们不仅常常挂在嘴边，而且深深地渴望得到别人由衷的肯定与赞美。

对于一位老师而言，引以为荣的往往是他教过的学生在社会上很有出息，你为了表达对他的赞美，不妨说："你的学生

×××真不愧是你的得意门生啊。"对于一位一生都默默无闻的母亲,引以为荣的往往是她那几个有出息的孩子,你可以对她说:"你有福气啊,两个儿子都事业有成了。"她一定会高兴不已。对于老年人来说,他们引以为荣的往往是他们年轻时的那些血与火的经历。

真诚地赞美一个人引以为荣的事情,并幽默地将这种赞美表达出来,可以更好地与他人相处。

王君几个中学时候的好朋友来他家玩,王妈妈非常热情地招待了他们,与这些当年的"小毛头"欢快地交谈了起来。

王妈妈说:"时间过得可真快啊,转眼你们一个个都大学毕业了,听说找的工作也不错,呵呵。看着你们一个个都成才了,真是令人羡慕啊。"

接着,王妈妈又说:"一个个有出息不说,说出来的话也是那么招人喜欢,真是到哪里都会受大家的欢迎啊。再转过头来看看我们家的孩子,不会说话,也不会来事,这不,工作还没有着落呢。"

王妈妈的一番话,把同学们说得哈哈大笑起来。

王妈妈对王君的同学给予了平实而幽默的赞美,表达了自己的真诚。

他人最想要的赞美一定是真诚的,不是那种公式般的赞美,千篇一律的赞美最让人反感。幽默而真诚的赞美则需要言之有物。言之有物是说一切话所必备的条件,与其泛说久仰大名、如雷贯耳,不如说"您上次主持的讨论会成绩之佳,真是出人意料"等话,直接提及对方较有成绩的工作。若恭维别人生意兴隆,不如赞美他推销产品的努力，或赞美他的商业手腕；泛泛地请人指教是不行的，你应该择其所长，集中某一点请他指教，如此他一定高兴得多。

恭维赞美的话要切合实际，到别人家里，与其乱捧一场，不如赞美房子布置得别出心裁，或欣赏墙上的一幅好画，或惊叹一个盆栽的精巧。若要讨主人喜欢，你要注意投其所好，主人爱狗，你应该赞美他养的狗，主人养了许多金鱼，你应该谈那些鱼的美丽。赞美别人最近的工作成绩，最心爱的宠物，最费心血的设计，这比说上许多无谓的虚泛的客套话要好得多。

真诚赞美的神奇心理效应

如果你的赞美之词不是发自内心的，那么，你的赞美很难达到预期的功效。

赞美别人就是发现别人的美，并且用恰当的语言表达出来。赞美的语言稍微夸张一点儿是可以的，但是倘若言过其实，便会让人怀疑你赞美的诚意和动机了。

有这样一个人，在单位里经常赞美同事，见到领导时，赞美的话更是滔滔不绝。见到身材魁梧的领导，他就说："一看就知道您是有福之人啊！"当见到秃顶的领导时，他就说："贵人不顶重发，聪明绝顶啊！"这些话无伤大雅，倒还能让领导开心，只是有一次，因为他过分夸大的赞美之词让领导对他有了重新的认识。

某领导酒喝多了，走路时一不小心摔了一跤，这时，这位经常赞美领导的"赞美家"赶紧过来扶起领导，嘴里说道："领导为了工作，连自己的身体都不顾了，就算是喝得胃出血也没有任何怨言。"喝醉了酒的领导一听到有人这样"赞美"自己，一下子就火了，指着这位时时不忘赞美领导的人破口大骂："你到底会不会说话？你那是称赞我吗？你是盼着我死吧？"这次，平日伶牙俐齿的他再也说不出任何赞美之词了。

上文中那个人的赞美之所以得不到听者的认可，是因为他的赞美之词不是发自内心的。在他的赞美中，有很多趋炎附势、惺惺作态的成分。这样的赞美是无法打动人心的。

小王是建筑公司的拆迁部主任，在拆迁工作顺利进行的时候，一户人家不配合，使拆迁工作不得不停下来。小王通过了解得知，这家的主人是一位老军人，他之所以不肯搬家，是因为这套四合院是他光荣离休后政府赠予他的。

随后，小王亲自拜访了这位老人。他进入老人的书房，看见墙上都是老人身穿军装的照片，于是说道："您老年轻时一定是名勇敢的军人。因为我在您身上仿佛见到了您当年的勇猛和果断。"老人没有作声。

小王继续说："我小的时候就愿意和我爷爷在一起，他总有许多战场上的故事可以讲，后来他年纪大了，有的故事甚至都讲20遍了，可是每次他都像是第一次讲一样，眼中充满了激动的泪水。您所知道的故事一定和我爷爷知道的一样多，甚至比他知道的还多。而这其中的辛酸不易，我想只有您自己体会得最深刻了。"

说到此，小王起身说道："老先生，打扰您这么久，真是对不住啊！"说完他就走出了屋子，往大门外走去。

当他即将迈出大门时，老人在背后喊道："明天过来时把拆迁合同带来，让我好好瞅瞅。"小王心里的大石头终于落了地，老人要看合同，证明拆迁的事情有戏了。

从头至尾，小王只字未提拆迁的事，只是和老人聊家常。其实，正是小王的家常话打动了老人。小王称赞老人勇敢，称赞老人阅历丰富，这都是发自内心的赞美。他的赞美之词在老人的心中也激起了层层涟漪。因为小王真诚的赞美，敲开了老人的心门。

有的人非常吝啬对他人的赞美，认为那是阿谀奉承的表现，是令人不齿的做法，然而人人都喜欢听他人的赞美，都以得到他人的赞美为荣。因为如果能得到别人的赞美，说明自己的行为得到了他人的认可，对赞美他的人自然就会产生好感。无论何时，赞美都拥有神奇的力量，能帮助他人走出困境，是交际中最有效的手段之一。发自内心的赞美，是任何人都喜爱的。

有些人不是出自真心而是随大流，跟着别人说赞美之词，或者附和别人的赞美之词，这会引起对方的反感。因为这样的赞美会令对方认为你是在溜须拍马。

适度称赞，沟通的催化剂

用适度的幽默的赞美语言与人沟通，可以尽快促成他人与自己关系的升温。适度的幽默赞美是成功沟通的催化剂，只要细心观察，你可以把对方的外表、穿着、服饰、品位、谈吐、内在的修为、学识、工作的态度、精神、毅力等作为重点。还可以就当时所处的周遭环境，包括办公室摆设，有纪念性的物品，对方的收藏、喜好、最近得奖或您无意中得知的事迹；甚至相约在其他场合如餐厅等，都可以就对方的选择，找出特色，予以幽默赞美。

幽默赞美需要发自内心，而非表达于口中及眼眸，我们随时可以找出特色赞美一个人，然而，若非发自内心，你的眼中呈现的"不真"马上会被识破；如果你不是真正认同，宁可不说半句，只点头微笑，反而更为得体。幽默赞美是"过犹不及"的，在一次的沟通交谈中，频频灌迷汤固然令人感到肉麻，但如果每次见到一个人，老盯着同一件事猛献殷勤，也会叫人受不了。

于明明曾有一位女性下属，性格比较外向，而且嘴巴很甜，而于明明爱漂亮，又会搭配衣服，稍一动手，就变出很多看似一套套的新衣服。而那位下属，却是于明明的苦恼之一，因为，每天早上她一到公司，对方的眼睛就盯着她转："哇，经理，又买了一套新衣服，对不对？颜色好漂亮，穿在您身上就是不一样。"隔天一见面，又来了："看看，又一套了，很贵吧？还有项链、耳环，也是新的吧？我就缺这个本事，不会搭，像您……"她会对着客户"恭维"她的经理，说辞几乎都是："在我们经理英明的带领之下，我才有今天的成绩，好多人都问我跟我们经理多久了？其实也没多久，但是她大人大量，肯教我，对不对？"

于明明被她的过分"恭维"及不真诚的眼神弄烦了，只好告诉她："不是你没见过的就是新衣服，我的衣服有的五六年了，只是保养得好，配来配去就不一样了，你一嚷嚷，人家以为我多浪费，怎么天天买新衣，以后请别再说我的衣服了。"而当她得知这位下属在她面前说得甜如蜜，背后却对客户中伤她时，她一点也不惊奇，因为她早已从她的"过度恭维"中观出"玄机"了。

张艺谋做人很随和，做导演却极富个性，说话也富有幽默。对另一位名导演陈凯歌，他的评价如下："凯歌是个很出色的导演，我跟凯歌的特点在于：我们都保持自己的个性，这个个性你可以不喜欢、不欣赏，但凯歌从不妥协，他保持他的个性。而中国这样的导演很少。不能因为凯歌的作品没有得奖，就说这说那的，我觉得这是一种短视。"

赞美可以让人心情愉悦，让人充满自信与乐观的生活态度。适度的幽默赞美就像香水一样，让人容易接受并乐享其中。

真诚赞美，幽默是必要元素

有一次，一群朋友在一起聚会，吃饭的时候，大家交换名片，其中有一位来自报社，另一位试图对其进行称赞，一看是报社的，便稀里糊涂地说："哇，您是有名的大作家。"人家问："我怎么有名？"他说："我每次都看见你写的文章。"人家说："我的文章都在哪里？"他说："每次都是头版头条啊。"然后人家告诉他："真的吗？我是专门写讣告的。"

讣告能在头版头条吗？显然是虚假的赞扬引起了别人的反感。

不真诚的赞扬，给人一种虚情假意的印象，或者会被认为怀有某种不良目的，被赞扬者不但不感谢，反而会讨厌。言过其实的赞扬，不能实事求是，会使受赞扬者感到窘迫，也会降低赞扬者的水准。虚情假意的奉承对人对己都是有害而无益的。幽默代表着一种真诚，幽默的赞美需要有真诚的底气。

根据心理学和组织行为学的研究，赞扬他人是一种能力，它不等于溜须拍马，溜须拍马可以说虚假的，但幽默赞扬应该是真诚的发自内心的实话。有人说：真实的赞扬是拂面清风，凉爽怡人；虚假的赞扬像给人吃大块的肥猪肉，让人烦腻不堪。

所以说，真诚的幽默赞美和"拍马屁"最大的区别在于是否发自内心。真诚的幽默赞美起源于内心深处的一种"美感"，一种冲动，它反映了一个人对另一个人的认可：外表漂亮，言谈合自己的口味，行动敏捷，品格高尚……即在两个人之中，其中一个人在另一个人身上发现了符合自己理想和价值标准的可贵之处。我们认识这个人、了解这个人的时候，已经有一种无形的力量促使自己要去赞美他的一些优点。

但是"拍马屁"却不同，它不是发自内心地对另一个人的认可和钦佩，而是基于内心世界早已存在的一种目的，一种对眼前或日后能够收到"回报"的投资。"拍马屁"者在"赞美"他人的时候，脸上虽眉飞色舞，但却有几分不自在；他的词语是热情的，但他的内心却是一片冰冷。他在赞美一个人的时候，心里想着的只是如何顺利办完对自己利益攸关的事，如何获得自我满足。

因此，真诚成了幽默赞美与拍马屁的区分线，它是幽默赞美的必要组成元素。

同时，真诚的幽默赞美应该是合乎时宜的，在合适的氛围里发出的赞美会让人内心明亮，灿烂无比。当别人感觉到你的赞美是由

13

衷的，那赞美的话就很容易被接受。

大音乐家勃拉姆斯出身农家，生于汉堡的贫民窟，没有受教育的机会，更无从系统地学习音乐，所以，对自己未来能否在音乐事业上取得成功缺乏信心。然而，在他第一次敲开舒曼家大门的时候，他一生的命运就在这一刻决定了。当他取出他最早创作的一首C大调钢琴奏鸣曲草稿，手指无比灵巧地在琴键上滑动，弹完一曲站起来时，舒曼热情地张开双臂抱住了他，兴奋地幽默喊道："天才啊，年轻人，天才才能够创作出这种无与伦比的上帝般的声音……"

正是这发自内心的由衷赞美，使勃拉姆斯的自卑消失得无影无踪，也赋予了他从事音乐的坚定信心。在那以后，他便如同换了一个人，不断地把心底里的才智和激情流泻到五线谱上，成为音乐史上一位卓越的艺术家。

幽默的赞美，需要真诚的表达。任凭你对一个人的赞美有多趣味、有多口吐莲花，只要是脱离实际，只要让别人明显地听出这是浮夸之词，那么幽默的赞美将转化为毫无内在所言的滑稽的赞美了。

出乎意料，让人喜出望外

赞美既然是幽默的，那么赞美的话语就应该是出乎意料的，出乎意料不仅是辩论幽默、处世幽默等交流场合的必杀技，也是幽默赞美的特质之一。

一些人在公共场合赞美别人时，自己想不出怎样赞美，只能跟着别人说重话，附和别人的赞美。

在整日聚首的人际关系中，一家人之间或一个科室的同事之间，有些赞美很可能多次重复，已经形成某种公式和习惯，这就没什么意义和作用了，比如，某个处长每次开会总结工作的时候，都像例行公事一样对大家赞扬几句，其内容和说法总是笼统的那么几句话，就像是同一张唱片或同一盘录音带只是在不同的时间播放一样，让人感觉乏味。

为赞美加一点新意，鼓励作用会更大。

正如有人所说："一点新意，一片天空。"这样幽默赞美之术会更趋完美。赞扬要有新意，当然要独具慧眼，善于发现一般人很少发现的"闪光点"和"兴趣点"，即使你一时还没有发现更新的东西，也可以在表达的角度上有所变化和创新。

对于公司经理，你最好不要称赞他如何经营有方，因为这种话他听得多了，已经成了毫无新意的客套话，倘若你称赞他目光炯炯有神，潇洒大方，他反而会被感动。

幽默赞美是所有声音中最甜蜜的一种，它应该给人一种美的感受。新颖的语言，趣味的表达，是有魅力和吸引力的。即使简单的赞扬也能振奋人心，但是一种本来不错的赞扬如果多次单调重复也会显得平淡无味，甚至令人厌烦。一个女人就曾说过，她对别人反复说她长得很漂亮已经感到很厌烦，但是当有人告诉她，像她这样气质不凡的女人应该去演电影，她笑了。

幽默赞美的新意很重要，但更需要我们综合各方面的因素来恰当表达"新"意，否则便会弄巧成拙、适得其反。马克·吐温曾经说过："一句幽默的赞美能当我十天的口粮。"我们每天都让新鲜的赞美流淌入他人的生活中，那么彼此的生活食欲就会增强。

赞人独特，让人对你印象深刻

当一个人处在众口一词的赞美中时，往往不再把这种同一内容的赞美当回事，这时，如果你能找到别人都忽视了的优点来进行幽默赞美，就必然能引起这个人的注意。因为人总是希望别人能尽可能多地发现自己的优点。

为了突出与众不同，给人留下深刻的印象，说话讨人喜欢的人往往是独特的。比如对一个健美冠军，他不会去赞美其长得真健壮、真美，因为可能电视、广播、报纸都已介绍过了，而且电台、广播、报纸的赞美不比我们的赞美更让人激动吗？此时，他会挖掘对方的不明显的优点去加以赞美，比如赞美其烹调手艺等。爱因斯坦就这样说过，别人赞美他思维能力强，有创新精神，他一点都不激动，他作为大科学家，听这类话都已听腻了，但如果谁赞美他小提琴拉得真棒，他一定会兴高采烈。

说话讨人喜欢者的赞美，从来不跟在别人后面，人云亦云，而是竭力去挖掘别人一些不为人知的优点，表现其幽默赞美的独特性，让人得到一些新的刺激，这样的效果反而更好。

小杜是学校里出了名的"歌星"，每次晚会或其他娱乐活动都少不了他。

在一次元旦晚会上，他又成功地演唱了一首歌，表演结束后，台下一片喝彩声。回到观众席，大家对他的歌声还在赞不绝口。这时一个师弟对他说：

"师兄，你的舞也和你的歌一样棒啊，刚才看你在台上如蝴蝶翩翩的舞姿，觉得你跳舞肯定也很厉害。"

听惯了别人称赞自己会唱歌的小杜头一回听人如此关注并称赞他的舞蹈，自然非常开心，就故作谦虚地说自己不太会跳舞，长项还是唱歌。这时，师弟马上接上他的话："对呀，师兄的歌喉真是没得说。有空教教我吧。"小杜在愉快的心情中欣然应允。瞧，这位师弟没有把小杜被公认的唱歌水平拿来赞美，而是夸他舞一定也跳得不错，一下子吊起了他的胃口，让他心里十分舒服，很爽快地答应了师弟的要求。

学会寻找和发现别人与众不同的成绩和长处，你的赞美也要巧妙地与众不同；经常既恰到好处又实事求是地赞美别人，别人就喜欢你，就容易得人心，同时也是你对自己的认可。

真正会说话的人善于发现被赞美者别人发现不了的优点和长处。

比如，某将军屡战屡胜，有人称赞他："你真是个了不起的军事家。"他无动于衷，因为他认为打胜仗是理所当然的事。而当别人指着他的鬓须说："将军，你的鬓须真可与美髯公相媲美。"听到这话，将军笑了。

幽默赞美的角度很重要，新颖的角度将起到事半功倍的效果。

赞美是所有声音中最甜蜜的一种，赞美应该给人一种美的感受。独特的赞美语言，是有魅力的，有吸引力的。

富兰克林参加宾夕法尼亚州议会的选举时，在选举前夕，困难出现了。有个新议员发表了一篇很长的反对他的演说，在演说中，竟把富兰克林贬得一文不值。遇到这么一个出其不意的敌人，是多么令人恼火呀。该怎么办呢？

富兰克林自己讲述道："对于这位新议员的反对，我当然很不高兴，可是，他是一位有学问又很幸运的绅士。他的声誉和才能在议会里颇有影响。但我绝不对他表现一种卑躬屈膝的阿谀奉承，以换取他的同情与好感。我只是在事隔数日之后，采用了一个别的适当的方法。

"我听说他的藏书室有几部很名贵、又很少见的书。我就写了一封短信给他，说明我想看看这些书，希望他不会像反对我一样反对我忠诚的要求。我的幽默以及写信的大度让他立刻答应了。"

富兰克林用一种不露痕迹的幽默赞美方式赞美新议员，恰如润物细无声。

表达赞美的方式有很多，要针对不同人、不同场合、不同时间选择最为恰当的方式。选择赞美方式时，既要考虑表达方式的新意，又要考虑对方的感受及最后的效果，综合去思考，将会找到最适宜的表达方式。

倾听对于别人来说就是赞美

倾听不仅是一种对别人的礼貌与尊重，也是对讲话者的高度赞美。每个人都希望获得别人的尊重，受到别人的重视。当我们专心致志地听对方讲，努力地听，甚至是全神贯注地听时，对方一定会有一种被尊重和重视的感觉，双方之间的距离必然会拉近。所以，懂得倾听很重要。

经朋友介绍，重型汽车推销员乔治去拜访一位曾经买过他们公司汽车的商人。见面时，乔治照例先递上自己的名片："您好，我是重型汽车公司的推销员，我叫……"

才说了一句话，该顾客就以十分严厉的口气打断了乔治的话，并开始抱怨当初买车时的种种不快，例如，服务态度不好、报价不实、内装及配备不对、交接车的时间等待得过长……

顾客在喋喋不休地数落着乔治的公司及当初卖给他汽车的推销员，乔治只好静静地站在一旁，认真地听着，一句话也不敢说。

终于，那位顾客把所有的怨气都一股脑地发泄出来。当他稍微喘息了一下时，方才发现，眼前的这个推销员好像很陌生。于是，他便有点儿不好意思地对乔治说："小伙子，你贵姓呀，现在有没有一些好一点儿的车种，拿一份目录来给我看看，给我介绍一下吧。"

当乔治离开时，已经兴奋得几乎跳起来，因为他的手上拿着两台重型汽车的订单。

从乔治拿出产品目录到那位顾客决定购买，整个过程中，乔治说的话加起来都不超过 10 句。重型汽车交易拍板的关键，由那位顾客道出来了，他说："我是看到你非常实在、有诚意又很尊重我，所以我才向你买车的。"

只是几分钟的倾听，就做成了一笔业务，这就是倾听的魅力。

玫琳·凯·艾施在《玫琳·凯谈人的管理》一书中，就曾对倾听的影响做了如此说明："我认为不能听取别人的意见，是自己最大的疏忽。"

玫琳·凯经营的企业能够迅速发展成为拥有 20 万名美容顾问的化妆品公司，其成功秘诀之一就是她相当重视每个人的价值，而且很清楚地了解员工真正需要的除了金钱、地位外，还有一位真正能"倾听"他们意见的知心人。因此，她严格要求自己，并且让所有的下属铭记这条金科玉律：倾听，是最优先的事，绝对不可轻视倾听的作用。

所以，当你说话办事时，不要一味地只顾着表达自己的想法和观点，留一点儿时间给别人，沉静下来听别人说一会儿话，你的倾听会给你带来更多的收获。

给个意外的"赞许"

D 先生掌握卓越的管理艺术，早已闻名金融界，以下是他任职总经理时发生的事。

有两位部下到酒廊喝酒，直到打烊时间还赖着不走，酒廊老板只得请警察来处理。结果双方发生冲突，其中一位柔道两段的部下，把警察打得头破血流。第二天，其他同事到警察局来看他们，看到他们两人很自责，后悔做事太冲动。同事向 D 先生报告实情后，D 先生立刻开口说："原来我们公司也会出英雄，值得称赞！"

而那两位部下听到 D 先生的话，更加自我反省，以后的工作态度也完全改变了。表面看来，这是十分荒谬的批评方法，但站在心理学的观点上，实在是十分巧妙。

任何人做事失败时，或多或少都会反省。这时领导如果大加批评，部下的工作士气不免会低落，也不会反省，心想："我在公司已经没有前途了……"反抗心将会更明显。

再看看 D 先生的部下，本以为会挨一顿臭骂，不料却获得意外的称许，而这称许仿佛一盏明灯，照亮了部下的心灵，让他们勉励自己不再犯错。

如此看来，能确实掌握对方的反省方向，才能加强对方的反省念头。某教练接受杂志采访时，发表了以下这番发人深省的谈话。据他表示："每位选手都希望在球场上努力表现，而要求自己不失误。如果那位选手虽已尽力却仍犯错，然而他能自我反省，我就不会再施加压力，对他加以批评。"在这个时候采取一种正话反说的形式对他"赞扬"一番，可以缓和紧张气氛，促其反思。

秦朝有个很有名的幽默人物优旃。有一次，秦始皇要大肆扩建御园，多养珍禽异兽，以供自己围猎享乐。这是一件劳民伤财的事，但大臣们谁也不敢冒死阻止秦始皇。这时优旃挺身而出，他对秦始皇说："好，这个主意很好，多养珍禽异兽，敌人就不敢来了，即使敌人从东方来了，下令麋鹿用角把他们顶回去就足够了。"秦始皇听了不禁展颜而笑，并破例收回了成命。

优旃利用"赞扬"达到了批评的目的，同时也保全了自己性命。表面上是赞同皇上的主意，言外之意则说如果长此以往，国力必将空虚，敌人就会趁机进攻。

反语是指所说的道理或所举的事例全是和真理明显相违背的。这种手法贵在故意送明显的悖谬给对方，使对方在明显的悖谬中醒悟到自己也同样错了，因此而改变主意。

反语批评在特殊的场合或特殊的人物面前若运用得好，常常能收到意想不到的效果。这种手法无论对什么样性格的人都适用，就连暴虐无比的秦始皇，也被优旃的反语批评说服了。

无独有偶，古代君王都好玩乐，而他们身边总是有那些懂得以"赞"促"改"的贤臣才子对其加以劝谏。

齐景公爱喝酒，连喝七天七夜不停止。

大臣弦章上谏说："君王已经连喝七天七夜了，请您以国事为重，赶快戒酒，否则就请先赐我死。"

晏子后来觐见齐景公，齐景公便向他诉苦说："弦章劝我戒酒，要不然就赐死他，我如果听他的话，以后恐怕就尝不到喝酒的乐趣了。不听的话，他又不想活了，这可怎么办才好？"

晏子听了便说："弦章遇到您这样宽厚的国君，真是幸运啊！如果遇到夏桀、殷纣王，不是早就没命了吗？"

于是齐景公果真戒酒了。

吃喝玩乐似乎乃君王的天性，倘若直言劝谏，告诉他那是大错特错的，有多少的坏处，恐怕他是很难听进去的，反而会大发雷霆。换一个角度说话，往往能起到更好的效果。

适时赞美，让沟通更容易

幽默的赞美应当符合时间的要求，在合适的时间却说出了不合适的赞美，即使幽默也不会带给大家真正的欢娱，反而会引起人们的厌恶。

另外，恭维和赞美绝不同于巴结讨好、阿谀奉承。恭维和赞美是为了协调人际关系，表达自己对别人的尊重，以增进了解和友谊，更重要的是交上朋友好沟通。幽默的恭维与赞美对公关的沟通工作至关重要，幽默的谈吐会提升公关的气质与内涵，提升公司的形象。

每个人都希望得到别人的赞美，每个人都对别人有一份期待，希望得到尊重，希望自己得到肯定，这就需要得到别人恰如其分的幽默恭维和赞美。

（1）初次见面，适当的幽默恭维是有礼貌、有教养的表现。幽默不仅可以获人好感，而且还可以和对方在心理上、情感上靠拢，缩短彼此之间的距离。

1987年4月底，欧阳奋强到香港参加电视剧《红楼梦》首映式，他是饰演贾宝玉的演员。欧阳奋强一踏进机场休息室，亚洲电视台名演员方国珊就挤到他身边，热情地说："你是欧阳奋强吗？我叫方国珊。他们都说我长得像你。""方小姐比我长得漂亮多了。"欧阳奋强说。亚视艺员领班高先生风趣地说："方小姐可是香港的贾宝玉呀。"

这番相互赞美的话十分自然贴切，使气氛十分热烈而和谐。言辞会反映一个人的心理，轻率的说话态度会让对方产生不快的感觉。因此，幽默赞美不要太离谱，以免别人觉得你虚伪。

（2）把对方美化成道德上的"完人"。幽默赞美可以是多方面的，通常你把对方说成是道德上的完人比称赞他的衣饰得体更有效果。

例如，有一个儿子想求母亲为他买一条牛仔裤，但儿子怕遭到母亲的拒绝，因为他已经有一条牛仔裤了。于是儿子采用了一种独特的幽默方式，他没有像其他孩子那样苦苦哀求或撒泼耍赖，而是一本正经地对母亲说："妈妈，你是世界上最好的妈妈，你见没见过一个孩子，他只有一条牛仔裤？"

这颇为天真而略带计谋的问话，一下子打动了母亲。过后，这位母亲谈起这事，说出了自己当时的感受："儿子的话让我觉得若不答应他的要求，简直有点儿对不起他，哪怕在自己身上少花点儿，也不能委屈了孩子。"

一个小孩子，以一句反问话就说服了母亲，满足了自己的需要，他让母亲觉得自己的要求是合情合理的，而不是过分的，何况儿子在提要求之前已经以赞美之词获得了妈妈的欢心。

因此，在说服自己亲人时，可以适时撒娇，适时夸赞，取得说服的最佳效果。

第二章

赞美自我的推销艺术——自卑者错过机遇，自信者创造机遇

王婆卖瓜，必须自夸

有句俗话叫："王婆卖瓜，自卖自夸。"虽然这句话蕴含了一些自吹自擂的意味，但这种自吹并不是没有道理的。

社会就如同一个大丛林，许多机会都是要靠我们自己去争取的。如果有能力，就应该自告奋勇地去争取那些许多人无法胜任的任务，千万不要把自己淹没在人群中，或者躲在被人们遗忘的角落里。成功者会让自己闪耀夺目，像磁铁一样吸引各方的注意。

有一匹千里马，身材非常瘦小，它混在众多马匹之中，黯淡无光。主人不知道它有与众不同的奔跑能力，它也不屑于表现，它坚信伯乐会发现它的过人之处，改变它被埋没的命运。

有一天，它真的遇到了伯乐。这位救星径直来到千里马面前，拍了拍马背，要它跑跑看。千里马激动的心情像被泼了盆冷水，它想，真正的伯乐一眼就会相中我，为什么不相信我，还要我跑给他

看呢？这个人一定是冒牌货！千里马傲慢地摇了摇头。伯乐感到很奇怪，但时间有限，来不及多做考察，只得失望地离开了。

又过了许多年，千里马还是没有遇到它心中的伯乐。它已经不再年轻，体力越来越差，主人见它没什么用，就把它杀掉了。千里马在死去的一刹那还在哀叹，不明白世人为什么要这么对待它。

客观而言，千里马的一生非常悲惨，甚至有些"怀才不遇"的意味。它终年混迹于平庸之辈中，普通人不能看出它的不凡之处，伯乐也错过了提拔它的机会。但是，造成这种悲剧的是谁呢？是它的主人吗？是伯乐吗？都不是！怪只能怪千里马自己，假如它当初能够抓住机遇，勇敢地站出来，在伯乐面前它能不顾一切地奔跑起来，表现出自己与众不同的优秀品质来，用速度与激情证明自己的实力，恐怕它早就可以离开那个狭窄的空间，到属于自己的广阔天地中尽情施展了。

曾经人们总说"酒香不怕巷子深"，其实非也，这甚至会耽误很多英雄。试想，要有多么浓郁的芳香才能从深巷里传入人们的鼻端呢？又有多少人能够静下心来寻找这芳香的源头呢？只怕最终也不过落得个"长在深巷无人识"。有些人常慨叹怀才不遇，却不知何时才会自我醒悟，因为有能力是需要表现出来的，有本事就要发挥出来，不吭声、不动作，谁会知道你胸中的万千丘壑，谁会将你这匹千里马从马群中挑选出来呢？

不少人总是满怀希望地等待着，期待伯乐从远方来发现自己、提拔自己。只可惜千里马常有，而伯乐不常有。并不是所有领导、上司都独具慧眼，将机会拱手送上。在你做白日梦的时候，别的千里马，甚至是九百里马、八百里马们早已迎风疾驰，令众人瞩目，获得了展示自己的舞台。而默不作声的你，自然被淹没在无人问津的平庸者当中。

现实终究是现实，美好的东西不会主动跑到你面前来，一切都要靠你自己主动争取。要知道，就算天上掉下馅饼，也要你主动去捡，而且你还必须抢先别人一步。金子如果被埋在土里就永远不会闪光。如果要闪光只有两种可能：一种是被矿工侥幸发掘，而这需要有千载难逢的机会；另一种是通过自己的力量破土而出。如果你努力，如果你是真金，这种可能几乎等于必然。

因此，即便是实力爆棚的人，也要学会表现自己，要善于表现自己，才能让自己的优势展现于世人面前，才能使自己成为求才若渴的人们心目中的抢手货。

以当代职场为例，默默无闻、埋头苦干的人，往往不能被重用。一个人要想成功，不仅仅要拥有雄厚的实力，还要善于表现自己，这样才有机会脱颖而出。

正如美国著名演讲口才艺术家卡耐基所言："你应庆幸自己是世上独一无二的，应该把自己的禀赋发挥出来。"在如今这个凸显自我价值的时代，实力已不是成功的唯一条件，还需把自己"捧红"，把自己"炒热"，这是一种主动把握人生的方式。

自卑者错过机遇，自信者创造机遇

自卑的人总喜欢低估自己，自愧无能，甚至自怨自艾、悲观绝望。他们不会在别人面前表达自我，更不用说自我夸赞了。他们就像乞讨者一样，永远卑微地活着。即使有好的机遇降临，他们也很容易错过。

自信的人却恰恰相反，因为坚信自己一定会成功，他们做事往往胸有成竹，能勇敢地迈出每一步，从而最大限度地挖掘自身的潜力。在他们眼里，外来的挑战虽然很残酷，但不管能不能克服，总有过去的时候。对他们来说，只要心中充满了信念，即便身处逆境，也能够为自己创造好的机遇，同样能赢得无数的掌声。

举世闻名的指挥家小泽征尔，成名之前，在一次世界优秀指挥家大赛上，他发现了不和谐的声音，觉得乐谱有错。这时，评委们却坚持说乐谱没有问题。面对这些权威人士，小泽征尔斩钉截铁地说："不！一定是乐谱错了！"话音刚落，评委们便报以热烈的掌声。原来，这正是比赛的一部分，小泽征尔的勇敢、自信征服了所有评委。

正是因为相信自己，小泽征尔才果断地跳出了"圈套"。这次夺魁，也正如一盏明灯，照亮了他的前程！

成功不一定站在智慧的一方，但一定会站在自信的一方。相信自己，就会拥有自己的成就与幸福。如果你真的相信自己，并且深信自己一定能实现梦想，你就一定会成功。因为你相信"我能做到"时，自然就会想出"如何去做"的方法。

有的时候别人（或者整个大环境）会怀疑我们的价值，久而久之，连我们本人都会对自己的重要性感到怀疑，接受了社会强加给我们的角色，变得自甘堕落。如果你任由这种事情发生在你身上，你将一辈子都无法抬起头来，只能沿着"乞丐"的道路无奈地走下去。

但如果你能跳过那个"圈套"，一切就会在那一瞬间变得很不同。那是自信的力量，是敢于向自我挑战、超越自我的精神，唯此才能重新评价自我，认真审视自我，深刻反省自我，不断总结自我，从而更好地深化、发展、完善自我；才能焕发心底的勇气与动力，才能经受磨炼和考验，才能承担更多的责任，铸造更辉煌的人生！

请相信自己，如果我们不能做到心灵统一，就不可能发挥出生命的潜在力量，不发挥出潜在力量，就是自己埋没自己。也许你并没有意识到：在大部分时间、大多数事物中，不是别人限制你，而是你埋没了你自己。行动起来，去创造你需要的机遇吧！

聪明人就要自我推销

表现欲是人们有意识地向他人展示自己才能、学识、成就的欲望。对于我们来说，增强自己积极的表现欲尤为重要。实践证明，积极的表现欲是一种催人奋进的内在动力。谁拥有它，谁就会争得进一步发展自己的机会，从而接近成功的彼岸。

然而在现实生活中，有些人并不这样看问题，他们对表现欲存有偏见，以为那是出风头，是不稳重、不成熟。这样一来，他们不但失掉了很多机会，而且给人留下了平庸无能、无所作为的印象，自然得不到好评和重用。这些现象告诉我们，表现欲不足无疑是一种缺憾，积极的表现欲应该成为现代人必备的心理。

自我表现的目的是为了成功地把自己推销出去，让人们看到自己真正的才干与实力，把那些原本可能不属于自己的机会拉到自己的面前，这样成功的机会将会大大增加。

有这样一个故事，讲的是一个多次失业者在面试时推销自己的妙招。

某大公司招聘人才，应者云集。其中多为高学历、多证书、有相关工作经验的人。

经过3轮选拔，还剩11个应聘者，最终将留用6人。因此，第四轮总裁亲自面试，将会出现十分残酷的场面。可奇怪的是，面试现场出现了12个应聘者。

总裁问："谁不是应聘的？"

坐在最后一排的男子一下子站了起来："先生，我第一轮就被淘汰了，但我想参加一下面试。"

在场的人都笑了，包括站在门口闲看的老头子。总裁饶有兴趣地问："你连第一关都过不了，来这儿又有什么意义呢？"

男子说："我掌握了很多财富，我本人即是财富。"

大家又一次笑得很开心，觉得此人不是太狂妄，就是脑子有毛病。

男子接着说："我只有一个本科学历，一个中级职称，但我有11年工作经验，曾在18家公司任过职……"

总裁打断他："你学历、职称都不算高，工作11年倒是很不错，但先后跳槽18家公司，太令人吃惊了。我不欣赏。"

男子站起身："先生，我没有跳槽，而是那18家公司先后倒闭了。"在场的人第三次笑了。一个应聘者说："你真是倒霉蛋！"男子也笑了："相反，我认为这是我的财富！我不倒霉，我只有 31 岁。"

这时，站在门口的老人走进来，给总裁倒茶。男子继续说："我很了解那 18 家公司，我曾与大伙努力挽救那些公司，虽然不成功，但我从那些公司的错误与失败中学到了许多东西，很多人只是追求成功的经验，而我，更有经验避免错误与失败！"

男子离开座位，一边转身一边说："我深知，成功的经验大抵相似，而失败的原因各不相同。与其用 11 年学习成功的经验，不如用同样的时间去研究错误与失败。别人成功的经历很难成为我们的财富，但别人的失败过程却是！"

男子就要出门了，忽然又回过头说："这 11 年经历的 18 家公司，培养和锻炼了我对人、对事、对未来的洞察力，举个例子吧，真正的考官不是您，而是这位倒茶的老人。"

全场 11 个应聘者哗然，惊愕地盯着倒茶的老头儿。那老头儿笑了："很好！你第一个被录取了，因为我急于知道，我的表演为何失败。"

在这里，该男子的面试过程可谓一波三折，但整个过程却都是该男子推销自我的表演。因此，要想使别人接纳自己，并重用自己，你必须使出全部解数，竭尽全力去游说，必须有创意，而且具有鲜明的印象，让用你之人因佩服而接纳你。

推销是一种才华，就像是绘画一样，两者都需要培养个人的风格。没有风格的话，你只是芸芸众生中的一个而已。推销自己是一种才能，也是一种艺术。有了这种才能，人们才可能安身立命，才能抓住机遇使自己处于不败之地。能够将自己推销给别人的人才能推销世界上任何有价值的东西。

　　一个真正有心机的人，不仅要有能力、会做事，还要会表现自己、推销自己。绝大多数人都有自己的理想和目标，但人生的第一步是学会醒目地亮出自己，为自己创造机会。说到底，这是一种观念，是主动出击还是被动选择？其实，这在很大程度上决定着你的成功与否。

第三章

赞美他人的说话艺术：不同对象，巧妙夸奖

对男人和女人采取不同的赞美方式

人人都渴望被别人赞美，但男人和女人的需要是不同的。

男人要面子好虚荣，多表现在追逐功名、显示能力、展示个性以显潇洒和能人之形象方面，而女人则表现在对容貌、衣着的刻意追求或身边伴个白马王子以示魅力方面。男人要面子好虚荣，他们对此毫不遮掩，有时甚至坦率得令人吃惊，而女人则总是遮遮掩掩、羞羞答答。女性对于面子、虚荣还有几分保留，而男子则是全力以赴去追求面子，好似他的人生目的就是为了追求面子一般。

作为男人更要会赞美女人。能够做到张口也赞闭口也赞。这样，你才能在女人面前受欢迎，使你魅力无穷。

男人赞美女人是对女人的肯定，更是对女人魅力的欣赏。在男人眼里，女人身上总有美丽动人之处，或者是皮肤细腻，或者是身材苗条，或者是眉目含情，或者是穿着得体。所以你一定要善于去

发现、去捕捉她的美。许多女人都会对自己的缺憾有所了解，但她们也十分了解自己的动人之处，只要你能独具慧眼，赞美得体，你一定会博得她们的赏识与青睐。

当今社会注重个性，夸赞一个女人有个性已成为一种时尚。固执的性格可当个性来称赞，孤傲的性格也可以用有个性来称赞，有些泼辣的女性也能用有个性来称赞。只要是稍稍区别于大众的性格，你用"个性"二字来赞她，无论是哪种女性，她都会觉得你这个人很有品位。

最后，谈一谈女人的能力。现代社会，在各种事业中女人都表现出了她非凡的能力。她们不仅能把自己分内的事完成得十分漂亮，还会凭她们细心的洞察力去发掘工作中出现的问题，把各部门的事情都安排得十分妥当，在某些方面工作能力大大地超越了男性。而女人在取得很大的成就时，她们是需要被这个社会所肯定的。她们希望这个社会能认同自己，肯定自己的能力，也希望在男人眼中她们不再是处处依附于男人的人，而是能够独当一面，把事情处理得完美无瑕、有能力的人。于是，她们就需要男人的赞美，希望自己所做的能够得到男人的认同与赏识。如果你是她的老板、上司，或是同事，你可千万别忽视她的业绩，常常激励她、赞美她，以激发她更大的工作积极性吧！

除此之外，生活中女人们的能力也值得你一赞。日常家务，如烧饭做菜、收拾房间、照顾孩子，这些虽是一些细小的事情，却能表现出女人的动手能力、审美能力、教育能力。只要你在日常生活中也不忘记赞美一下女性，你定会得到女性们的一致好评。

人们都说女人是用耳朵来生活的，赞美是女人生命中的阳光。然而，男人也一样，他们也喜欢听到他人对自己的肯定和赞美，因为这会让他们有一种价值感，并由此充满自信。可以说，恰到好处的赞美是打在男人身上的一剂强心剂。你可以从以下几个方面对男人进行赞美：

1. 赞美他是成功的男人

由于传统社会对男性角色的定位——养家立业者，使得男人非常在乎自己在别人心目中的形象，任何人对他的工作做出的评价都会让他反应敏感。因此，无论男人从事的是怎样的工作，他都希望能得到别人的认同。

不过你得注意，不管一个男人有多成功、多得意，他内心深处最渴望的还是别人的理解和关怀。一般的理解和关怀都是无可厚非的，可一定要注意把握分寸。过犹不及，说得太夸张、太过分、太直白就会被人当成追逐名利、爱慕虚荣的女人，会成为男人心底讨厌的势利女人。因此，即使是赞美，也要掌握分寸。

2. 赞美他是一位绅士

所谓风度，是男人在言谈举止中透出的一种味道。不要以为男人真的是散漫随意、潇洒不羁，其实他们是很在乎别人对自己举止的评价。曾经有一位女士说起她和男友分手的原因，只因为她在一次朋友聚会上调侃了男友的局促，就大大伤害了对方的自尊心，被扔了句："既然你认为我没风度，那么分开好了。"

事实也是如此，行动比语言更有说服力，只有当女方对对方的举止言谈很满意、很欣赏时，女方才会爱上他。而在这方面赞美男人，也是拿他和别的男人比较，表现出你的欣赏。一位范先生说：

"有一次，我和女友乘出租车，下车后我替她打开车门，她说她以前遇到的男人从不知道什么是绅士风度。这句话极大地满足了我的自尊心，也让我觉得自己是个很受欢迎的男人。"

3.赞美他仪表堂堂

许多男性承认，他们在关注女人闭月羞花之貌的同时，也希望自己貌比潘安。但是同样因为社会角色定位，男人特别害怕女人把他们当作绣花枕头，因而他们对女人对他们外在形象的夸赞是特别敏感的，让女人兴奋的"你长得真漂亮""你穿得真好看"之类的话，会让男人觉得特别不舒服，按他的理解，这里透着一种嘲讽，好像说："你有些娘娘腔，你怎么像女人一样爱打扮。"

所以说，要真的想对男人表达你对他外形的欣赏，还需要审时度势。但你可以对他的某个部位做出较高的评价，例如"你的鼻子好有个性"等。

恰当赞美，让你深受其爱

赞美是人人都乐意领受的礼物。赞美如同冬日的阳光，总是能在寒冷中给人带去一丝暖意。而如果能在赞美的时候加入幽默调味，便能让我们的赞美更加的自然流露，更能让对方感觉沁人心脾的诚意，平淡的生活也便平添些许甜美滋味了。

在一个小镇上，一个贫穷的小伙子爱上了一位富贵人家的小姐，那位小姐的美貌完全把他给迷住了。于是他迫不及待地跑去向姑娘表白："我的姑娘啊，你是如此的美丽，我愿意把我所有的财产都置于你的足下。"

姑娘不客气道："你本身就没有多少财产啊。"小伙子听姑娘这样一说，并没有泄气，反而灵机一动，说："你说得太对了。可与你娇小的玉足比起来，它们就显得很多了。"小伙子如是说完之后，姑娘便深深地被他的话打动了，接受了他的告白。

这位小伙子的机智浪漫——让赞美的话语直达姑娘的心田，最终赢得了姑娘的芳心。他对姑娘的夸赞不仅有文采，还有着幽默的风趣。他能把赞美的技巧发挥到如此地步，可算是个高手了。

巧妙赞美可以让恋爱中的两个人的感情更加亲密，同样，在和朋友相处中，幽默的赞美更能让对方满心欢喜，心中受用。

爱听赞美的话是人的天性。当我们赞美别人时，对方会发自内心地感到开心并对我们产生好感。赞美要有一个度，赞美不是虚伪的浮夸，更不是溜须拍马的花言巧语，而是要真正地去发现他人身上的闪光点，并不是一味地说他人好话，而不说真话。只有那种移情入理的带有情感的赞美才能体现人际交往中的互动关系，对方才能够感受到你对他真诚的关怀。

拿破仑虽然身居高位，但他特别讨厌那种溜须拍马的奉承之语，所以很多人因为不知道这一点，而招致拿破仑的厌恶，但有一位士兵聪明地说了一句话，而让拿破仑欣然接受了他的赞美。他当时是这样说的："将军，您居功至伟却最不喜欢他人的阿谀奉承，您真是正义之士，我们都应该向您学习啊。"这句简单的话没有加入任何的修饰，士兵只是了解了拿破仑的喜好和脾气秉性，抓住了拿破仑的优点——不喜奉承，加以赞美，就博得了拿破仑的喜欢，从而受到了拿破仑的赞赏。

作曲家海顿早期的弦乐四重奏相当著名，他的一位法国朋友曾经这样夸赞道：

第一小提琴就像一个善于言谈的中年人，不断更新话题来维持着整个"集体"的谈话。第二小提琴就如第一小提琴的好朋友一样，他总是夸赞第一小提琴话中蕴藏的机智，而很会表达自己；在"集体"的谈话中，他就是那个默默聆听，对别人的意见表示赞同，而从不提出自己的意见。

大提琴则像是一位庄重的老者，很有学问，且能说会道，他的话简短但中肯，也支持第一小提琴的意见。至于中提琴则像一个善良而有些啰唆的妇人，她的话没有半点重要意见，还经常嚷嚷着插嘴。

不得不说这位法国朋友的想象力和语言天赋是何等了得，他的夸赞不是简单地形容弦乐四重奏有多的动人、多的好听，而是幽默地把每一种乐器拟人化，赋予人格，而弦乐四重奏被形象地比喻为四个人的谈话过程，由此便让人明白了四重奏的特点，同时也用优美的语言夸赞了海顿的音乐才能。他的这种赞美方式好比赠送别人礼物时附带的包装，虽然不是礼物本身，却能先让接收礼物的人心情更加愉悦。

褒扬有度，点到为止

一个气球再漂亮、再鲜艳，吹得太小，不会好看；吹得太大很容易爆。赞美就如吹气球，应点到为止，适度为佳。

因此，在赞美他人时一定要坚持适度的原则。夸奖或赞美一个人时，有时候稍微夸张一点儿更能充分地表达自己的赞美之情，别人也会乐意接受。但如果过分夸张，你的赞美就脱离了实际，让人觉得缺乏真诚。因为真诚的赞美往往是比较朴实的、发自内心的。只有讨好才是过分夸张和矫揉造作的。

据说有一个年轻人曾经给恩格斯写了一封热情洋溢的信，信中称赞恩格斯是一位无与伦比的革命导师、一位伟大的思想家，甚至称其为马克思的再现等，恩格斯并没有因为这封信而有丝毫的感动，反而生气地回信说："我不是什么导师、思想家，我的名字叫恩格斯。"恩格斯作为一位杰出的思想家，他不喜欢别人在赞美他时用近乎夸张的词汇，又因为他和马克思有几十年的友谊，他是非常尊敬马克思的，当然会忌讳别人称他为"马克思的再现"。

历史上有一位臭名昭著的冯希乐，他是一个热衷于夸张拍马的人，有一次，他去拜访长林县令，赞叹道："仁风所感，猛兽出境。昨日入县界，见虎狼相尾而去。"刚夸过不久，就有村民来报告："昨夜大虫连食三人！"长林县令很不高兴地责问冯希乐究竟是怎么回事，冯希乐面红耳赤地回答说："是必便道掠食。"冯希乐夸张得脱离了实际情况，无视野兽吃人的本性，信口雌黄，说野兽已被县太爷的仁义教化所感动，所以离县而去，结果是抡起巴掌，自己打自己的脸，这就是所说的轻言取辱。

要做到点到为止、褒扬有度是有技巧的。

1. 比较性赞美

在夸奖对方的同时，让他意识到自己的优点，使对方对你的赞美深信不疑。

有一次，汉高祖刘邦与韩信谈论诸将才能高下。刘邦问道："你看我能指挥多少兵马？"韩信回答："陛下至多能指挥10万兵马。"刘邦又问："那你能指挥多少兵马呢？"韩信自豪地回答："臣多多益善耳。"刘邦笑道："既然你带兵的本领比我大，却为什么被我控制呢？"韩信很诚实地说："陛下不善于指挥兵，但善于驾驭将，这就是我被陛下控制的原因。"刘邦自己也曾说过，统一指挥百万军队，战无不胜，攻无不克，他不如韩信。这是他做了皇帝以后对自己的评价。韩信的赞美，首先肯定了刘邦控制大臣为自己效命的能力，但又指明了他在带兵作战方面与自己相比有不足之处，正与刘邦的自我评价相吻合。话说得很实在、很坦诚，刘邦不但不怒，反而很满意。此时，韩信与刘邦关系已很紧张，如果他违心地恭维刘邦调兵遣将无所不能，恐怕刘邦不愿意听，甚至会怀疑他在吹捧、麻痹自己。

2. 根据对方的优缺点提出自己的希望

金无足赤，人无完人。有所保留的赞美应既要看对方的优点和长处，同时还要看到他的弱点和不足，讲究辩证法。常言道："瑕不掩瑜。"指出对方的缺点和不足，并提出一定的希望，不仅不会损害你赞美的力度，相反，使你的赞美显得真诚、实在，易于为人接受。尤其是领导称赞下属时，要有一是一，有二是二，把握分寸，要有所保留。可以多用"比较级"，千万慎用"最高级"。领导可以在表扬时，把批评和希望提出来。

有效的赞美不应该绝对化。像"最好""第一""天下无双"这类的帽子别乱戴。有个企业的广告词说："只有更好，没有最好。"就显示了企业的真诚承诺，而不是哗众取宠、华而不实，在消费者中建立了良好的形象。实际上，一般人都对自己有个客观的认识和评价，如果你的赞美毫无遮拦，就会让人感觉你曲意奉承，难以接受。赞美时必须记住：一个人的成绩和优点毕竟是有限的。许多伟人评价自己时，也都是有所保留，更何况一般人呢？因此，赞美别人，应当一分为二，有成绩肯定成绩，有不足也要说明不足，控制好赞美的度。

过分的夸张对于被赞美者来说也是有百害而无一利的。高尔基曾经说过："过分地夸奖一个人，结果就会把人给毁了。"因为过分的夸奖，往往会使被赞美者不思进取，误以为自己已经完美无缺了，从而停止前进的脚步。众所周知的方仲永，小的时候因为天资聪慧，于是别人就称其为天才，其父则带他四处走访宾客，结果等到他长大以后，才能泯然众人矣，跟别的人没有什么两样了。

赞扬最好辅之以鼓励，这样才能充分发挥赞美的积极作用。

赞别人没有赞过的美

"喜新厌旧"是人们普遍具有的心理。陈词滥调的赞美，也是很没劲的，新颖独特的赞美，则使人回味无穷。

1. 令人耳目一新

赞美是所有声音中最甜蜜的一种，赞美应该给人一种美的感受。新颖的语言，是有魅力的，有吸引力的。简单的赞扬也可能是振奋人心的，但是一种本来是不错的赞扬如果多次单调重复，也会显得平淡无味，甚至令人厌烦。

有一个国外的电视连续剧，父亲走入厨房看女儿做饭，他对女儿说："如果没有你做的美妙饭菜，就像天上没有星星那么遗憾。"女儿露出了特别快乐的笑容。

新颖的赞语，给人清爽、舒心之感。毛阿敏在哈尔滨演出时，《当代大舞台》的节目主持人是如此将她介绍给观众的：

主持人：请问毛阿敏小姐，您是从哪里来的？

毛阿敏：哦，我从北京来。

主持人：您像一只美丽的蝴蝶给冰城哈尔滨带来了欢乐，请问这次能做几日停留呢？

毛阿敏：呵呵，5日。

主持人：我们冰城的朋友热烈欢迎您的到来，愿您与《当代大舞台》永不分手！

主持人巧借毛阿敏的成名歌曲《思念》来向她发问，亲切而诙谐，同时也激起了演唱者与观众的热情，创造了良好的舞台气氛。

如果主持人只有公式化的套词俗语，那么，不但观众会觉得乏味，毛阿敏也可能会腻味。妙语连珠的赞美，既能显示赞美者的才能，也能使被赞美者更快乐地接受。

2. 不一样的角度

一些人在公共场合谈话时，不知怎样赞美别人，只能跟着别人说话，附和别人的赞美。

赞美的角度很重要，新颖的沟通角度将起到事半功倍的效果。

著名节目主持人白岩松，曾采访一位知名学者，当时老学者正卧于病榻，对采访并不热心。白岩松提出的第一个问题却是，请他谈谈毛主席接见红卫兵时他鞋子被挤掉的事。这个出乎意料的问题使老学者十分激动，竟一口气谈了好几个小时，从而顺利地完成了采访计划。

白岩松找到了一个很好的角度，打开了老学者的话匣子。正如每把锁都会有相应的钥匙，每个人都有其独特之处，先要把握好"点"，把握好角度，才能沟通得轻松、顺畅。

3. 新鲜的表达方式

赞美他人，在表达方式上是可以推陈出新、另辟蹊径的。

表达赞美的方式有很多，要针对不同人、不同场合、不同时间选择最为恰当的方式。选择赞美方式时，既要考虑表达方式的新意，又要考虑对方的感受及最后的效果，综合各方面去思考，将会找到最适宜的表达方式。

从对方得意的事说起

生活中其实每个人都有自认为得意的事情，事情的本身，究竟有多大价值，是另一个问题，而在其本人看来，却认为是一件值得终生纪念的事。你如果能预先打听清楚，在有意无意之间，很自然地讲到对方得意的事情，只要他对你没有厌恶的情绪，只要他目前没有其他不如意的事情，在情绪正常的情况下，他一定会高兴地听你说的，当然此时说服他就容易得多了。

在说服的时候要注意技巧，表示敬佩，但不要过分推崇，否则会引起对方的不安。对于这件事情的关键，要慎重提出，加以正反两方面的阐述，使他认为你是他的知己。到了这种境地，他自然会格外高兴，会亲自讲述，你应该一面听，一面说几句表示赞赏的话，如此一来，即使他是个冷漠的人，也会变得和蔼可亲，你再利用这个机会，稍稍暗示你的意思进行试探，作为第二次进攻的基点。这不是失败，而是你说服他的初步成功，对于涉世经验不丰富的人，得此成绩已不算坏，若想一举成功，除非对方与你素有交情，又正逢高兴的时候，而且你的谈吐又是很容易令人接受的，否则千万不要存此奢望。

对方得意的事情要从哪里去探听？那当然要另谋途径，试着在你的朋友之中找一下是否有与对方有交往的人，如果有，向他打听当然是最容易的。如能留心报纸上的新闻或其他刊物，平日记牢关于对方的得意事情，到时便可以应用。此外，随时留心交际场合中的谈话，像这些时候谈到对方得意的事情，也是很平常的。但是必须注意，对方得意的事情，是否曾遭到某种打击而消灭，如有这种情形，千万别再提起，以免引起对方不快，反而对你不利。因为对方在高兴的时候，你的请求易于接受；在对方不高兴的时候，虽是极平常的请求，也会遭到拒绝。比如对方新近做成了一笔生意，你称赞他目光精准、头脑灵活，引得他眉飞色舞，乘机稍示来意，也是好机会。诸如此类的例子很多，全在于你随时留心，善于利用。

初次见面，赞美的话要说得准

对于初次见面的人，最好避免以对方的人品或性格为谈话内容，即使是赞美对方"你真是个好人"，对方也容易产生"才第一次见面，你怎么知道我是好人"的疑念及戒备心。

通常情况下，不是直接称赞对方，而是称赞与对方有关的事情，这种间接赞美在初次见面时比较有效。打个比方，如果对方是女性，她的服装和装饰品将是间接赞美的最佳对象。

唐码和不少朋友的家人都相处得很好，其中与一位夫人的友谊甚至超过和她丈夫的友谊。本来唐码只认识她的丈夫，那么他怎么成了她全家的朋友呢？起因是在与她初次见面的那次宴会上唐码随便说出的一句话。

当时，唐码被介绍给这位朋友的夫人，由于当时没有适当的话题，就顺口说了一句"你佩戴的这个坠子很少见，非常特别"。唐码说这句话完全是无意的，因为他根本不懂女人的装饰品。出人意料的是，这个坠子果然很特别，只有在巴黎圣母院才买得到，这是她的心爱之物。唐码随便说出的这句话，使夫人联想起有关坠子的种种往事，从此他们便成了好朋友。

要恰如其分地赞美别人是件很不容易的事。如果称赞不得法，反而会遭到排斥。为了让对方坦然说出心里话，必须尽早发现对方引以为豪、喜欢被人称赞的地方，然后对此大加赞美。在尚未确定对方最引以为豪之处前，最好不要胡乱称赞，以免自讨没趣。试想，一位原本已经为身材消瘦而苦恼的女性，听到别人赞美她苗条、纤细，又怎么会感到由衷的高兴呢？

赵明长得很像一位演员。每当他和朋友一起到饭店去，初次见到他的服务小姐都会对他说："你长得真像电影明星！"的确，无论是赵明的容貌还是气质都与那位演员非常相似。一般而言，说某人很像名演员，是一种恭维之词，被称赞的人通常不会不高兴。赵明的反应却不同，他听了服务小姐的奉承后，原本不喜欢开口的他，变得更加沉默了。

对于赵明的反应，服务小姐很是诧异。赵明的反应一点儿也不奇怪，因为服务小姐的赞美根本不得法。赵明了解自己的缺点，就是容易给人冷漠的印象，而那位电影明星在屏幕上所扮演的正是冷酷无情的角色。所以，如果说他酷似那位电影明星，这哪里是在赞美，分明是指出了赵明的缺点。

另外，从第三者口中得到的情报有时在初次见到对方时能起到重要的作用。因此，利用所得到的情报当面夸奖对方，当然也会为自己赢得主动。但是，如果你将这些情报、传言直接转述给对方，恐怕只会遭到冷遇。所以，赞美之词一定要说得准确，才能帮助你进一步开展人际关系。

学会赞美你的客户

恐怕这世上没有人会拒绝别人的赞美，推销员在推销过程中最好学会赞美客户，事情会比你想象的好办得多。

赞美是销售成功必备的细节。想想看，谁不愿意听到美化自己的语言呢？谁又不认同美化自己的人呢？找到客户身上的闪光点，将它在适当的范围内合理放大，相信你总是受欢迎的。

有的推销员更是胜人一筹，在推销自己的产品之前先对对方的某个产品大赞一番，人们崇尚礼尚往来，我说你的产品好，再提到我的产品时，你还会给我泼冷水吗？

"我工作时，常用贵公司制造的收音机。那台收音机的品质极佳，我已经用了 5 年，还完好如新，没发生过故障。真不愧是贵公司生产的，就是有品质保证。"一个纸张推销员在推销本公司产品之前这样说道。

当然，他非常懂得怎样去丰富他的赞美之辞，他不仅说出自己对对方公司的商品有兴趣，还具体地说明了他实际使用后，该商品的特征与性能，从而使自己评价的重点有了价值。

"或许大家不知道，我现在仍使用贵公司 20 年前生产的扩音器。其间，我也买过好几次别的产品，但不是发生故障，就是声音难听，结果还是买贵公司的产品划算。贵公司的产品真是好用，即使用了 20 年，比起现在的新产品也毫不逊色，真是令人佩服。"

"是的，本公司生产的扩音器都是采用进口技术的，材料把关也相当严格，所以非常耐用。现在市场上这样有质量保障的品牌为数不多，你真是有眼光，我看你们公司的产品也不错嘛，能让我试用一下吗？"对方再也忍不住要和他沟通起来。

好听的话令人感到开心和快乐，而对于说话的人也没有任何损失，何乐而不为呢？如果你在交际中多用一些赞美之词，你几乎会比别人少遇到一半的麻烦，它们会给你带来大量的生意。

伊斯曼曾经在曼彻斯特建过一所伊斯曼音乐学校。同时，为了纪念他的母亲，还盖过一所著名戏院。当时，纽约高级座椅公司的总裁亚当森想得到这两座建筑里的大笔座椅订货生意。

亚当森被领进伊斯曼的办公室，伊斯曼正伏案处理一堆文件。

过了一会儿，伊斯曼抬起头来，说道："早上好！先生，有事吗？"

亚当森满脸诚意地说："伊斯曼先生，在恭候您时，我一直欣赏着您的办公室，我很羡慕您的办公室，假如我自己能有这样一间办公室，那么即使工作辛劳一点儿我也不会在乎的。您知道，我从事的业务是房子内部的木建工作，我一生还没有见过比这更漂亮的办公室呢。"

伊斯曼回答说："您提醒我记起了一样差点儿已经遗忘的东西，这间办公室很漂亮，是吧？当初刚建好的时候我对它也是极为欣赏。可如今，我每来这儿时总是盘算着许多别的事情，有时甚至一连几个星期都顾不上好好看上这房间一眼。"

亚当森走过去，用手来回抚摸着一块镶板，那神情就如同抚摸一件心爱之物，"这是用英国的栎木做的，对吗？英国栎木的组织和意大利栎木的组织就是有点儿不一样。"

伊斯曼答道："不错，这是从英国进口的栎木，是一位专门同细木工打交道的朋友为我挑选的。"

接下来，伊斯曼带亚当森参观了那间房子的每一个角落，他把自己参与设计并监造的部分一一指给亚当森看。

这时候，他们的谈话已进行了两个小时了，亚当森轻而易举地获得了那两座楼的座椅生意。

赞赏能激发员工工作热情

任何一个团队里，想要管理好下属或其他人，想让他们积极地多做工作，"赞赏"是领导者不可缺少的法宝。

某城市有个著名的厨师，他做的烤鸭堪称一绝，深受顾客的喜爱。他的老板对他也是格外赏识。不过这个老板从来没有给予厨师任何鼓励，使得厨师整天闷闷不乐。

有一天，老板在店里招待一位远道而来的客人。点了数道菜，头一道就是老板最爱吃的烤鸭。厨师奉命行事。不一会儿，香喷喷的烤鸭就端上了桌。

然而，当老板夹了一条鸭腿给客人时，却找不到另一条鸭腿，他便问身后的厨师说："另一条鸭腿到哪里去了？"

厨师说："老板，咱们这儿的鸭子都只有一条腿！"

老板感到诧异，但碍于客人在场，不便问个究竟。

饭后，老板便跟着厨师到鸭笼去查个究竟。时值夜晚，鸭子们正在睡觉。每只鸭子都蜷着一条腿，只露出一条腿。

厨师指着鸭子说："老板，你看，我们这儿的鸭子不全是只有一条腿吗？"

老板听后，便拍手鼓掌，睡梦中的鸭子被惊醒了，都站了起来。

老板说："鸭子不全是两条腿吗？"

厨师说："对！对！不过，只有鼓掌拍手，才会有两条腿呀！"

聪明的厨师巧妙地点化了老板。这正如戴尔·卡耐基曾说过的，要想赢得朋友，影响别人，就得表示出"真诚的欣赏"。在大多数公司里，员工总觉得在做错事时，才会引起管理者的注意。这样的公司里有一种"批评文化"。赞赏是要善于发掘人们有哪些好的表现，并对此表示欣赏，以此来进行鼓励。

在麦克尔·勒勃夫出版的一本名为《世界上最伟大的管理规律》的书中，他指出这个规律就是，受到奖赏的行为会不断重复。

这是一条在任何组织中都很重要的规律，但令人遗憾的是，它也是常被人忽略的一条规律。公司对员工的赞赏不应是管理者的简单习惯，而需要确立制度，使之运行自如。

总之，赞赏能为许多人创造良好的工作情绪，不要让这种良好的工作方式只是随机出现，要系统地表现出更多的欣赏和感谢，而非批评和抱怨。

孩子需要你的赞美

南京某厂技术员周宏用赞美的办法，把双耳几乎全聋的女儿婷婷教育成了高才生。

周宏第一次看小婷婷做应用题，10 道题只做对了 1 道，按说该发火了，可是他没有。他在对的地方打了一个大大的红钩，并由衷地赞扬她："你太了不起了，第一次做应用题 10 道就对了 1 道，爸爸像你这么大的时候，应用题碰都不敢碰呢！" 8 岁的小婷婷听了这些话，自豪极了。在父母的鼓励下，10 岁那年，婷婷就写作出版了 60000 字的科幻童话。消息见报后，不少残疾儿童被送到周宏门下，都在周宏的"赏识教育法"下得到了很大进步。他说："哪怕天下所有人都看不起你的孩子，你都应该眼含热泪地欣赏他、拥抱他、赞美他。"

周宏巧妙地把赞美运用到了孩子的真善美上。赞美开发了孩子内在的潜力，激起了他们学习上的热情，唤起了他们强烈的进取心，使得孩子变"要我学"为"我要学"，从而在心理上彻底解放了孩子。

然而，在现实生活中，有的家长不是这样。他们认为孩子是自己生的自己养的，督促学习也是为了孩子好，不必老是哄着、捧着，甚至以为不打不成才，"棍棒底下出孝子"。因此，这些家长老是"居高临下"，总想从精神上、肉体上驾驭孩子，结果孩子在家长的高压下，心情焦虑，逐渐出现心理障碍，甚至精神和行为失控，不少家长为此付出了惨痛的教训。他们不知，仅靠压是不行的。只有加强引导，让孩子好之乐之，孩子才会"不用扬鞭自奋蹄"。而赞美就是一剂良方。

人们都是爱听好话，喜欢受到表扬的。美国著名哲学家、心理学家威廉·詹姆士研究发现，人类本性最深刻的渴望就是受到赞美。孩子更是如此。因为孩子好奇心强但自信心不足，他们对自己的每一点小小的进步都非常在乎，渴望得到大人的肯定。

其实，心理学中的"罗森塔尔效应"，揭示的就是"赏识—赞美"的巨大作用。现实生活中，也不乏这样的经典范例。如19世纪德国《卡尔·威特的教育》的真实记录，我国著名教育家陶行知先生"四块糖果"的故事等。

事实证明，如果家长能够恰当地运用赞美，就会帮助孩子达到光辉的顶点。因此，家长学会赞美孩子是很有必要的。要学会赞美孩子，就要做到：

1. 尊重孩子

家长只有把孩子当作朋友，平等相待，切实尊重孩子，提倡"友道尊重"，才会从内心去赞美孩子。

2. 要有一颗平常心

我们有的家长对孩子的期望值过高。当一些不切实际的目标达不到时，便采用极端的手段来对待孩子，"恨铁不成钢"时，家长根本就不可能去赞美孩子。

3. 要了解孩子

平时要多观察孩子有什么爱好，从而"对症下药"，激励孩子，帮助孩子，使他们好之乐之，才会学有所成。

4. 要持久

孩子的培养不可能一蹴而就，这是一个漫长的过程。作为家长，应持之以恒，使孩子在赞美声中健康成长。

5. 坚持原则

准备赞美孩子时，必须坚持原则，只有在他做了值得赞美的事情时，才去赞美。由于溺爱，有些父母无原则地对孩子的种种行为均加以赞美，造成孩子是非不清、骄横跋扈的坏习惯。孩子按大人的要求去做了并做得很好，就应该及时赞美，做了不对的事情，即使孩子哭闹，耍赖皮也千万不要迁就他、说好话。否则，赞美就会失去原有的积极意义。

6. 掌握时机

当孩子正在做或已做完某件有意义的事，应当及时给予适当的赞美，如一时忘记了，也要设法补上。如孩子在老师的说服下，吃饭时终于肯吃蔬菜了，父母应立即予以赞美。须知，在孩子应当得到赞美、渴望得到赞美时，成人的"熟视无睹"无异于给孩子当头浇上一盆冷水。

7. 就事论事

不要直接赞美孩子整个人，而应该赞美孩子的具体行为，也不要夸大其词，言过其实。例如，当孩子画了一幅不错的儿童画时，千万不能说："真聪明！"而应说："哟，这幅画不错。"要知道，过分的赞美，会给孩子播下爱慕虚荣的种子。

8. 当众赞美

孩子得到赞美时，应当着别人的面前得到。孩子的成绩当众传播了，这就是双重的奖励。如，孩子的妈妈说："孩子很懂礼貌。"以后孩子总是十分小心地维持这种赞美，并且养成懂礼貌的好习惯，每次将客人送到门外，都会说："再见，请以后再来玩。"

9. 掌握分寸

孩子经过努力做出了成绩，或者做完了他理所应当做的事情，都应该得到赞美。但在日常生活中，注意不要重复赞美某件事情，当孩子养成良好的习惯后，就可以适当减少对孩子这一方面的赞美。赞美孩子并给以适当的奖励或是亲吻或是搂抱，都会给孩子以奇妙的力量。

在对孩子的教育过程中，家长不应当吝啬赞美，吝啬肯定，吝啬鼓励。只有学会这些，并适当地运用这些，才会使孩子树立向上的信心，鼓起前进的勇气，大胆地往前走。

批评时别忘了夸一夸

未批先夸，实际上就是一种欲抑先扬的方式，即在批评别人时，先找出对方的长处称赞一番，然后再提出批评，最后再使用一些鼓励性的词语。这种方法使人认为你的批评是公正客观的，自己既有过失，也有成绩。这样就减少了因批评所带来的抵触情绪，能收到良好的批评效果。

某领导发现秘书写的总结有不妥之处。他是这样批评秘书的："小张，总的来说这份总结写得不错，思路清楚，重点突出，有几处写得很有见地，看来你下了功夫。只是有几个地方提法不妥，有些言过其实，有的地方尚缺定量分析，麻烦你再修改一下。你的文笔不错，过去几次写总结也是越修改越好，相信你这次也一定能改出一个好总结来。"

这样说，秘书会感到领导对自己很公正、很器重，充满期望和信任，因而就会很卖力地把总结改好了。

当某人听到别人对他的某些长处表示赞赏之后，再听到对他的批评，心里往往会好受得多。比如，你刚在某人左脸上亲吻了一下，当他还在回味那甜蜜的感觉时，你再在他右脸上给一巴掌，这时他疼痛的感觉肯定没有只打不亲时强烈。

柯立芝任美国总统期间，一天对女秘书说："你今天穿的衣服很漂亮，你真是一位年轻迷人的小姐。"

女秘书受宠若惊，因为这可能是沉默寡言的柯立芝对她的最大夸奖了。但柯立芝话锋一转，又说："另外，我还想告诉你，以后抄写时标点符号要注意一下。"

像柯立芝这样在批评之前先表扬对方，以表扬来营造批评的氛围，它能让对方在赞扬的愉悦中同样愉悦地接受批评。因为人在听到别人对自己的某些长处的表扬之后，再听到他的批评，心里往往会好接受得多。

但是，我们往往在使用这一招的时候会错误地加上两个字。

有许多人在真诚的赞美之后，喜欢拐弯抹角地加上"但是"两个字，然后开始一连串的批评。举例来说，有人想改变孩子漫不经心的学习态度，很可能会这样说："小虎，你这次成绩进步了，我们很高兴。但是，你如果能多加强一下代数那就更好了。"

在这个例子里，原本受到鼓舞的小虎，在听到"但是"两个字后，很可能会怀疑原来的赞美之词。对他来说，赞美通常是引向批评的前奏。如此不但赞美的真实性大打折扣，对小虎的学习态度也不会有什么帮助。

如果我们改变一两个字，情况就会大为改观。我们可以这么说："小虎，你这次成绩进步了，我们很高兴。而且，如果你在数学方面继续努力下去的话，下次一定会跟其他科目一样好。"

这样，小虎一定会欣然接受这番赞扬了，因为后面没有直接明显的批评。由于我们也间接提醒了应该改进的注意事项，他便懂得该如何改进以达到我们的期望。

另外不得不提的是，有的人认为先讲赞扬的话，再批评，带有操纵人的意味，用意过于明显，所以不喜欢用。这种说法也有一定道理，因为当你找到某人就表扬他，他根本听不进你的表扬，他只是想知道，另一棒会在什么时候打下来——表扬之后有什么坏消息降临。所以在更多的时候，许多人把表扬放在批评之后，当用表扬结束批评时，人们考虑的是自己的行为，而不是你的态度。

理解赞美，做到真正幽默

如果说赞美是一窗春日的天空，那么适当的幽默则是空中飘飞的纸鸢，增添了生机；如果说赞美是一股清净的泉水，那么适当的幽默则是水中嬉戏的游鱼，增添了灵动；如果说赞美是一份真诚的礼物，那么适当的幽默则是外包装上美丽的蝴蝶结，翩跹起舞。

学习了什么是幽默的赞美，如何彰显出赞美的实质效用，才能够将幽默灵活并恰到好处地融入赞美的队伍当中。

那么，什么是幽默的赞美？此时，爱因斯坦与卓别林的赞美则值得我们大家来领会幽默为"赞"带来的"美"。

爱因斯坦一直就很欣赏幽默大师查理·卓别林的表演以及喜剧作品。为了表示自己的喜爱与赞美，爱因斯坦在给卓别林的信中写道："你表演的电影《摩登时代》，一定会让你成为一个伟人的，因为你的表演让世界上的每一个人都能看懂。"

卓别林回信道："你才是更加令人敬佩的人，因为你已经成为一个伟人了，当世界上还没有人能读懂你的《相对论》的时候。"

爱因斯坦虽是个科学家，却也是个懂得幽默生活情趣的人，他通过人们对《摩登时代》的感受来委婉地称赞了卓别林的幽默表演天赋，也暗含了自己对卓别林由衷的钦佩之情。

查理·卓别林不愧是位幽默大师，面对爱因斯坦的称赞他心知肚明，面对爱因斯坦的幽默更是投之以桃，报之以李，以同样的角度幽默夸赞了爱因斯坦在《相对论》上的建树。

这就是幽默的赞美，幽默的赞美就像是春风吹过了一串铜铃，留给人们的是悦耳的动听与清新。

赞美的秘诀：该加的加，该减的减

在日常生活中，有一些赞美他人的技巧非常简单却非常实用，如果能够经常恰当地使用这些技巧，一定会为你的人际关系的融洽度增色不少。例如，老百姓常用的"遇物加钱"与"逢人减岁"。

"遇物加钱"与"逢人减岁"是两种在语言交际过程中，针对人们的普遍心理而采用的投其所好和讨人喜欢的说话技巧。

遇物加钱

买东西是我们这些凡夫俗子再平常不过的一种生活行为。在我们的心中，能用"廉价"购得"美物"，那是善于购物者所具有的能力，虽然我们不可能都是善于购物者，但我们还是希望我们的购物能力能得到别人的认可。

所以，当我们购买了一件物品后，如果自己花了100元，别人却认为只需60元时，我们就会有一种失落感，觉得自己不会买东西。但当我们花了60元，别人认为需要100元时，我们则有一种兴奋感，感觉自己很会买东西。

正是这种购物心态的存在，"遇物加钱"这种说话技巧便有了用武之地。

例如，甲买了一双新款品牌运动鞋，乙知道市场行情，这双鞋四五百块完全可以买下。于是乙在品评时说："鞋子不错啊，恐怕得五六百元吧？"甲一听就笑了，高兴地说："你没想到吧，我花460元就买下啦！"

乙的说话颇具技巧性。他虽心里有谱，却佯装不知，故意说高鞋子的价格，使对方产生成就感，就易于讨得对方欢心。

当然，应用此法时也需注意两点：一是对商品的物价心里有底；二是不能过分高估，否则就收不到好的效果了。

逢人减岁

芸芸众生都不过是大千世界的匆匆过客。然而谁都希望青春永驻，不愿过早老去。因此，成年人对自己的年龄很敏感，尤其是女性。如果一位三十出头的女性被看作中年人，她能高兴吗？

由于成年人普遍存在这种怕老心理，"逢人减岁"就成了讨人喜欢的说话技巧了，即把对方的年龄尽量往小了说，从而使对方觉得自己显得年轻，保养有方等，进而产生一种心理上的满足。比如一个三十多岁的女人，你说她看上去只有二十多岁；一个六十多岁的女人，你说她看上去只有四五十岁。这种美丽的谎言，对方是不会认为你缺乏眼力，对你反感的，相反，她会对你产生好感，形成心理上的兼容。

当然，需要注意的是，"逢人减岁"这种技巧通常只适用于成年人（特别是中老年人）。对于幼儿或少年，用"逢人添岁"（年龄往大了说）的技巧效果会较好，因为他们有一种渴望长大的心理。总之，这里所说的语言加减法"遇物加钱，逢人减岁"，说白了就是迎合对方的心理，投其所好。

只要我们的目的光明正大，这种"投其所好"，顶多是一种"美丽的错误""无害的阴谋""与人方便就是与己方便"，我们何乐而不为呢？

1. 赞美要恰如其分。

赞美如煲汤，火候最关键。赞美对方恰如其分，恰到好处，会让对方感到很舒服；但赞美得多了，会过犹不及，使得赞美没有新鲜感，让对方吃不消。

那些后来非常善于赞美别人的高手，刚开始时，往往会犯这样的错误。比如，日本保险界的顶级推销员原一平就曾经因为赞美运用不当，与订单失之交臂。

一次，原一平到一家小公司推销保险。进了办公室后，他便赞美年轻老板："您如此年轻就当上老板，真了不起呀！在我们日本是不太多见的。能请教一下，您是多少岁开始工作的吗？"

"17岁。"

"17岁！天哪，太了不起了，这个年龄，很多人还在父母面前撒娇呢。那您是什么时候开始当老板的呢？"

"两年前。"

"哇，才做了两年的老板就已经有如此气度，一般人还真培养不出来。对了，您怎么这么早就出来工作了呢？"

"因为家里只有我和妹妹，家里穷，为了能让妹妹上学，我就出来干活了。"

"你妹妹也很了不起呀，你们都很了不起呀。"

就这样一问一赞，最后赞到了那位年轻老板的七大姑八大姨，赞得越来越远了。最后，这位老板本来已经打算买原一平的保险的，结果一份也没买。

后来原一平才醒悟过来，原来那天自己的赞美没完没了，让对方由最初的高兴变得不胜其烦了。

可见，赞美要拿捏得当，张弛有度，收放自如，才能让赞美发挥最大的功效，达到一本万利的效果。

2. 赞美要实事求是。

真正的赞美，是有根有据的。如果言过其实或言不由衷，便会有阿谀奉承、溜须拍马之嫌，对方会觉得你油嘴滑舌、虚情假意。如果你见到一位其貌不扬的小姐，却偏要对她说"你真是美极了"，对方立刻就会认定，你所说的是虚伪至极的违心之言。但如果你着眼于她的服饰、谈吐、举止，发现她这些方面的出众之处并真诚地赞美，她一定会高兴地接受。

真诚的赞美不仅会使被赞美者产生心理上的愉悦感，还可以让你经常发现别人的优点，从而使自己对人生持有乐观、欣赏的态度。

一天，我国台湾作家林清玄去一家羊肉馆用餐，老板对他说："你还记得我吗？"

林清玄说："记不起来了。"

老板拿来一张20年前的旧报纸，那里有林清玄的一篇文章，那时他在一家报社当记者。这是一篇关于小偷的报道，小偷手法高超，作案上千次，次次得手，最后栽在一个反扒高手的手上。文章感叹道："像心思如此细密，手法那么灵巧，风格这样独特的小偷，又是那么斯文有气质，做任何一行都会有成就的吧！"

老板告诉他："我就是那个小偷，是你的这段话引导我走上了正路。"如今，他开了好几家羊肉馆，成了那里颇有名气的大老板。

还有一例小偷被赞美诗感化的真实故事，发生在广州。

2006 年 10 月，广州市一名"义贼"接连做出"异举"：他在偷了一位姓吕的老教授的钱包一个月后，将偷走的 2000 元钱寄回。又一个月后，"义贼"又写来了一封道歉信。内容如下："我（受）生活所迫，受人梭（应为'唆'）使，干了一段时间坏事，象（像）一只死老鼠。一个多月来我都很难受！"署名是"一个没有面目的人"。

原来，小偷被教授钱包中的一张名片上面的赞美乘车让座者美德的小诗感化了，其中一首诗的名字是《朋友，你做得真棒！》。"义贼"还称"用去的 100 多元日后还上"。

实事求是的赞美，就像是一剂良药，能够引导犯错误者矫正言行，改过自新，一心向善。

3. 赞美要发自肺腑。

赞美必须是由衷的、发自肺腑的言语，不要用对方的语言去回赞对方。例如：

"你的手套很漂亮。"

"你的手套也很漂亮。"

这样的称赞听起来像在敷衍了事，好像自己是被迫要说一些好听的话作为回应。

切记：称赞别人的时候千万不要有任何索取。如果你赞扬同事有头脑、有创造力，接着又向他借 500 元，那么你的赞扬恐怕会收到相反的效果。

会幽默

——让你的魅力倍增

第一章

即兴幽默——急中生智，瞬间打动他人

一见如故——与初识者幽默相交

在我们的一生中，经常会遇到这种情况：必须和一群不认识的人打交道。要打破与他们之间的界限，消除无形的隔膜，顺利地把自己的意见和思想传达给他们，使他们能欣然接受，并赞成拥护，甚至把他们变成自己的朋友，绝对需要不凡的智慧。

一见如故，相见恨晚，历来被视为人生一大快事。当今世界公关交往极其频繁，参观访问、调查考察、观光旅游、应酬赴宴、交涉洽商……善于跟素昧平生者打交道，掌握"一见如故"的诀窍，不仅是一件快乐的事，而且对工作和学习大有裨益。那么，如何才能做到"一见如故"呢？答案是了解幽默，学会幽默，运用幽默来实现与陌生人的相识、相处。

美国作为一个多族裔的移民国家，人们相互之间的交流极为重要。同时，美国的议会代议和全民选举体制，更要求人们能和不认识的人"一见如故",推销自己的观点和想法。

事实上，只要是与人交往就意味着要与不同的人进行沟通，然而有效的沟通往往是建立在真诚基础上的"一见如故"式的幽默。

有一天，汽车大王亨利·福特在偏远的农村驾车兜风。在一处农舍边，这位闻名世界的大人物，看到一个小孩正在锯木材，小孩年龄大约 10 岁，技术却十分熟练，更难得的是他看到陌生人一点儿也不怕，与一般的乡下小孩有很大的不同。

亨利·福特的童心大起，于是便走上前去帮他拉锯。可是很明显地，福特的技术与小孩相去甚远。小孩也不以为忤，甚至还耐心地指导福特。

过了好一会儿，福特终于忍不住说道："阁下可知道，你正跟亨利·福特在锯木材？"只见那孩子好像没事人似的回答："我不知道，可是我要告诉你，你在跟罗勃·李锯木材。"

亨利·福特听到孩子真诚的童趣式回答，欣喜之余，将自己那辆崭新的福特车送给了那个孩子。

或许这个小孩子并不是有意说出那样幽默的话语，只是持有一颗天真的童心，说了事实如此的话。可正是因为他那不怯生的趣味之言，赢得了亨利·福特的欣赏与青睐。由此可见，"一见如故"的幽默说服术能够拉近与陌生人的感情距离，将自己很快地融入群体之中，赢得人们的接受与欣赏。

临时发挥——化忌为喜的幽默术

在现实生活中，由于受传统文化的影响，人们的大脑中存在着许多忌讳观念。有时不自觉地说出或做出了一些有违"大忌"的话或事时，如何应付呢？这就要用到一种"临时发挥，化忌为喜"的幽默术。

这种幽默术就是在不自觉地做了或说了一些有违"大忌"的事或话时，或者由于客观的原因而带来一些不愉快、不吉利的事情时，及时地用一些双关语、名诗佳句、谐音字词等化忌为喜，消除尴尬，抹掉人们心头的阴影，使快乐重新回到心头。从这个意义上说，临时发挥的化忌为喜幽默术是一种利人利己的说话艺术，这种化忌为喜的幽默术在生活以及工作等场合中均很适用，值得大家了解和学习，更值得大家学以致用。

大刘应邀参加一位朋友的婚礼，可天公不作美，小雨从早到晚一刻也未停过。等大刘赶到朋友家时，衣服上溅满了星星点点的泥水。当新人双双向他敬酒时，朋友看到他满身泥水，略带歉意地说："冒雨前来，让你辛苦了。都怪我没选好日子。"大刘忙接过话茬幽默地说："老兄此言差矣，自古道：'久旱逢甘雨，他乡遇故知，洞房花烛夜，金榜题名时'，这人生的四大喜事，让你们小两口一天就赶上了两个，这才叫双喜临门呢。"一句话说得满堂喝彩，大大活跃了当时的气氛。

大刘意犹未尽，接着说道："既然说到了雨，敝人有首打油诗，借此机会赠给两位新人。"接着便吟道，"好雨知时节，当婚乃发生。随风潜入夜，听君亲吻声。"一首歪诗吟罢，逗得新娘面颊绯红，引来满座欢笑。

大刘机智地临场发挥，使本来不受婚礼欢迎的雨，瞬息之间带上了逗乐喜庆的色彩。临场发挥的幽默，让人们在躲不开的"禁忌"中忘却了旧观念的忧愁。

"将错就错"——顺理成章中显智慧

有一次，张作霖出席名流雅席。席间，有几个日本人突然发声，久闻张大帅文武双全，请即席赏幅字画。张明知这是故意刁难，但在大庭广众之下，盛情难却，就满口应允，吩咐笔墨侍候。只见他潇洒地踱到桌前，在铺好的宣纸上大笔一挥写了个"虚"字，然后得意地落款："张作霖手黑。"按上朱印，踌躇满志地掷笔而起。那几个日本人，丈二和尚摸不着头脑，面面相觑。机敏的随从秘书一眼发现了纰漏，"手黑"。亲手书写的文字怎么成了"手黑"？他连忙贴近张作霖耳边低语："您写的'墨'下面少了个'土'，'手墨'变成了'手黑'。"张作霖一瞧，不由得一愣，怎么把"墨"写成"黑"啦？如果当众更正，岂不大煞风景？他眉头一动，计上心来，故意训斥秘书道："我还不晓得这'墨'字下边有个'土'？因为这是日本人要的东西，这叫寸土不让！"

话音刚落，满座喝彩，那几个日本人这才悟出味儿来，越想越没趣儿，只好悻悻退场了。

张作霖这种"化腐朽为神奇"的幽默正是"将错就错"的巧妙运用。原本将要大出洋相的一个大笔误，竟然成了民族气节和斗争艺术的反映。

一旦发现了自己的失误，千万别为后悔徒然耗费时间，而要迅速权衡一下利害得失，只有在当场承认错误的负面效应实为自己难以承受，而拒绝认错又不至于把事情弄得更糟时，才可考虑选用"将错就错"这一计策。否则，还是承认、改正为好，因为坦诚往往会换来谅解，甚至敬意。例中的张作霖关于"如果当众更正，岂不大煞风景"的暗忖，就是快速权衡之后所做的判断。情况是明摆着的，日本人是故意刁难，等着看笑话，如果承认错误，便正中了日本人的下怀，这等丢自己脸面、灭国人威风、长他人志气的后果当然无法接受。于是，"将错就错"就成了顺理成章的选择。

很多时候，"将错就错"，契合情境，总能出奇制胜。"将错就错"化解尴尬讲究随机应变。"将错就错"也是一着险棋，"就错"之前要给自己找到相应的理由，使别人也认同你的"错误"并非错误才行，否则，就是死不认错，会给人一种粗野无知、冥顽不化的印象。张作霖对秘书的一番故意训斥正起着这种作用。

打破冷场——幽默逗你喜笑颜开

如果你出现了下面的状况：在冷场时，不知道怎么活跃气氛；在一些突发事件中，不知道说什么合适的话来救场；和友人聊着聊着就突然没有话题了；曾发表某些意见或建议，却无法取得共鸣或者人们的关注；结识新朋友不知道该说些什么……在许多场合中，由于个人的性格腼腆，或者彼此之间不够了解，而无法拥有共同的话题，使交往中出现了"冷场"的情形。

这个时候，幽默就是最佳挡箭牌了。幽默会让冷场的冰块渐渐融化，让和煦的快乐走进人们的心中。

众所周知，交流中最尴尬的局面莫过于双方无话可说。无话可说有时候是因为一方对另一方说的根本不感兴趣，有时候是因为我们说的意思和对方的理解有偏差，有时候是因为我们缺乏在某些特殊情景下的沟通技巧，有时也会因为你的说话触及了别人的"雷区"，而造成别人的不愉快，导致交谈无法继续下去。无论是哪一种情况，都有可能会让你焦虑。良好的幽默沟通需要双方在适当的时候分别扮演起发送信息者和接收信息者的角色，就像跳探戈时需要两个人完美的配合。

"一个巴掌拍不响"，交流中一旦出现冷场的局面，也需要两个人共同配合才能打破僵局。交流是两个人的事情，所以你不能指望对方为交流负起全部责任。因此，当出现冷场或者尴尬的时候，要沉着更要幽默，寻找双方感兴趣的共同话题，不能一味地等着对方来解决这种尴尬的场面。面对冷场，解决尴尬，幽默口才屡试不爽。

雁翎曾有过一次痛苦的爱情经历，她对那位男朋友爱得如醉如痴，可是，对方却脚踏两只船，最终抛弃她跟别的女孩子浪漫去了。

一次，雁翎与第二任男朋友肖遥约会时，肖遥问她："你对爱情中的普遍撒网、重点逮鱼，怎么看？"没想到他话一出口，雁翎不但没搭理他，脸色还霎时变得很难看。

肖遥知道他误入情人的"雷区"，赶紧补充道："啊，请别介意，我是说，我有一个讽刺对爱情不忠的故事献给你，故事说有一个对太太不忠的男人，经常趁太太不在家把情妇带回家过夜，但又时常担心太太会发觉。有一天晚上，他突然从梦中惊醒，慌忙推着身边的太太说：'快起来走吧，我太太回来了。'等他的太太也从梦中醒来，他一下子傻了眼。"

还没等肖遥话音落下，雁翎已被他的幽默故事逗得喜笑颜开。

在这里肖遥运用故事的形式首先转移了他们谈话的方向，然后用幽默的感染力，淡化了他因说话不慎而给雁翎带来的不快情绪，从而自然又巧妙地把可能出现的"冷场"给转圜过来，赢得了心上人的开心一笑。

幽默是冷场的克星，是热情的释放，懂得在尴尬中用幽默救场的人，是明智的幽默人。拥有幽默天分与才分的人永远不会让他人与自己分享冷场的无奈与尴尬，幽默让冷场被巧妙打破，让彼此在喜笑颜开中突破尴尬，加深感情。

兵来将挡——机智幽默应对奚落

当别人挖苦你、讥讽你的时候，你可以用幽默语言作为"护身符"，筑起防卫的堤防。"兵来将挡，水来土掩"，你可视不同的来者选择不同的幽默。

若判明来者不善，是怀有恶意，故意挑衅，你可以"以眼还眼，以牙还牙"，有理、有力和幽默地回敬对手。

20 世纪 30 年代，一次，丘吉尔访问美国，有一位反对他的美国女议员咬牙切齿地对他说："如果我是您的妻子，我会在您的咖啡里下毒药的。"丘吉尔微微一笑，平静地答道："如果我是您的丈夫，我会喝下那杯咖啡的。"

面对美国女议员刁难、愤恨的无礼言辞，丘吉尔并没有怒不可遏，甚至是笑着回答女议员的问题，他的胸襟雅量令人敬服。

因此，如果对方来势汹汹、盛气凌人，前来指责辱骂你，而你确信真理在手时，则应保持藐视的目光、幽默的心量、冷峻的笑容，让对方尽情地发泄而不予理会。假如有人冲着你横眉竖眼，恶语中伤地骂道："你这个人两面三刀，专门告我的阴状，想踩着别人的肩膀往上爬，没门儿！"如果你心中无愧，完全不必大发雷霆，倒不妨解嘲地反诘："哦，是真的吗？我倒要洗耳恭听。"然后诱使谩骂者说下去，直到对方找不到言辞了，你再"鸣金收兵"。在这种情况下，你以温文尔雅、彬彬有礼的方式笑迎攻击者，显然比暴跳如雷、大动肝火要好。

比如你刚被提拔到某领导岗位，有人对此揶揄道："这下子你可平步青云、扶摇直上了吧？"你听了不必拘谨，可一笑了之："是这样吗？你算得这样准？"用这种不卑不亢的应酬方法，立即便能使对方语塞。相反，你过于计较，说出一大堆道理，倒显得太认真，反而适得其反。

如果有人用过于唐突的言辞使你受到伤害，或叫你难堪，你应该含蓄以对，或装聋作哑、拐弯抹角、闪烁其词，或转移"视线"、答非所问，谈一些完全与其问话"风马牛不相及"的事，用这种委婉曲折的幽默方法反驳对手，一定会取得奇特的功效。

当遇到棘手犯难的问题时，若能以幽默诙谐的方式回答，往往能化险为夷，改变窘境。正所谓"山重水复疑无路，柳暗花明又一村"，让难堪的局面消失在谈笑之中。

以静制动——应对别人的指责嘲笑

当别人当众指出你的错误后，会令你感到不快，甚至会让你窘迫难堪，尴尬至极。这个时候你该怎么办？你会因为觉得十分没有面子，而对对方心存怨恨，甚至破口谩骂吗？聪明的人在应对别人的当众指责的时候会这样做：

斯坦顿夫人是美国女权运动家。

当一次女权运动的会议在罗切斯特召开时，一位已婚牧师指责斯坦顿夫人在公开场合发表演讲。

他不满地说："使徒保罗提议妇女保持沉默，您为什么要反对他呢？"

"保罗不也提议牧师应保持独身吗？您难道听话吗，我的牧师大人？"斯坦顿夫人挖苦道。

斯坦顿夫人面对牧师的指责，没有大骂，也没有强烈地表示出自己的尴尬与不满，她选择了淡定而又从容的回答，以其人之道还治其人之身，用对方的言辞逻辑回击了对方的指责，这是一种淡定的幽默。应对别人当众指责的最有效的方法即是以静制动。

当有人怒气冲冲地当众对你大加指责时，你可像斯坦顿夫人一样采取淡定的幽默反击态度，以静制动，幽默应对对方的无礼攻击。施以如此态度，实则也就是给他最严厉的迎头痛击。见到你如此反应，他也就会自感索然无味，悻悻而退。

受人指责总归是件不快之事，而受人当众指责，那更会令人不快，甚至会让人窘迫难堪，尴尬至极。这是一个协作生存的社会，无论是工作还是生活，无论何时何地，人都难免犯错，或触及他人的利益，从而引起不满，导致他人对你的指责。当然，也存在这样一种情况，错并不在你，而是一些无聊之徒，他们或抱着嫉妒，或抱着一种偏见，当众对你进行攻击，目的就是要让你颜面扫地。

当他人当众对你大加指责，甚至是来一顿劈头盖脸的斥骂，无论这种指责是善意的还是恶意的，你都要挺住，采取幽默灵活的应对措施，让这个令你无地自容的尴尬氛围及时得以化解。

在一次战争中，一位将军由一名作战部的指挥官陪同，到前线去看望士兵。到达目的地那天，刚好下起雨来，到处泥泞不堪。将军站在一个活动讲台上向士兵演讲，演讲结束后从台上走下来时，一不留意滑倒在泥浆里，士兵们哄然大笑起来。

指挥官一边指责士兵们，一边惊慌地把将军扶了起来，谦恭地向他道歉。没想到将军却笑着说："没关系，相信这一跤比我的演讲更能激发士气，因为我摔得很有水平嘛！"

在尴尬面前，这位将军并没有对士兵们的嘲笑感到恼怒，反而消遣自我，用幽默的语言向士兵展示了他的胸怀，幽默应对他人的嘲笑是生活赋予大胸怀者的智慧。

当有人因为你在公众场合的出丑而嘲笑你的时候，不要太计较，更不要太过流露出自己的愤怒，多一点儿幽默的雅量应对嘲笑，你就会多一份淡定优雅，成功者每战必胜的原因，就是当对手急不可耐时，他们依然保持着超常的冷静与沉着。

其中，应对他人当众指责的幽默口才修炼方法主要可通过"移花接木"来实现。即对别人的当众指责或者嘲笑，可幽默化解，来个"张冠李戴"，将原本只适合于甲种场合的话，移植到乙种场合来说。

拥有大智大德的人一般会懂得，面对他人的无礼与失态，如果自己也沉不住气而进行无礼的反击，则会让自己在卑微中失去他人的敬重之心。因此，面对外界不好的声音，不妨让自己多一分雅量，用幽默对待攻击远比强硬有力量得多。

即兴聊天——幽默捧场，愉悦情怀

聊天可以调节心理、愉悦情怀，让一个人远离烦闷的侵扰。幽默的聊天作为即兴聊天的一种特殊形式，往往在给人们带来无限趣味的同时让聊天充满着轻松的释压作用。

即兴的幽默聊天作为一种交际，并不是所有人都能够对它的重要性都具有深刻的认识。对于如何利用幽默聊天聊出名堂来，善于幽默言谈的人有他们自己独到的方式方法。

幽默聊天从本质上说是没有什么目的的，可以海阔天空地闲谈，图的就是聊天的那种快乐与惬意。但从微观来说，闲聊未必就"闲"，拥有幽默口才的人能从闲聊中聊出感情来，并达到一定的目的。在这个过程中，他们可以掌握闲聊的方式和话题，把它变作幽默语言的交流。

会说话的人总是有目的地选择话题。他们不会因为是与他人聊天，而忽视了谈话的禁忌性。在聊天中，搬弄是非、贬抑他人的话题更是需要回避，对方的忌讳和缺点也从不提及。否则即兴的幽默聊天就失去了聊天的意义，而会让自己陷入无知的尴尬境地。

在一个茶话会中，一位八十多岁高龄的老人很是吸引大家的注意，一位记者走上前去："老先生，真希望明年还可以在这里见到你啊。"

老年人并没有因此而感觉到恼怒，反而拍拍记者的肩膀幽默地说道："小伙子，你还这么年轻，想见到我肯定没有问题的啊，哈哈。"

这位记者就是一位不怎么会寻找话题的人，真正会聊天的人会选择合适的话题，但绝不会触碰关于个人隐私方面的话题，更不会不明智地问到一些画蛇添足的问题。因为他们知道隐私方面的话题容易引起争论，会将和谐的气氛弄僵。

另外，在与他人的即兴聊天中，应该保持谦逊的心情，不要自吹自擂，更不要一味地只顾自己说话，而不给他人说话的机会。幽默的即兴聊天是一种有涵养的体现，需要我们学会在轻松中找到交谈的趣味与尊重以及感情。

幽默的闲谈是对自身资源的一次挖掘，很考验一个人的知识水平和文化层次，平时除了你所关心、感兴趣的话题，还要多储备一些和别人"闲谈"的资料。这些资料应轻松、有趣，容易引起别人的注意。除了天气之外，还有些常用的闲谈资料。

比如，自己闹过的有些无伤大雅的笑话，像买东西上当、语言上的误会等，这一类的笑话，多数人都爱听。如果把别人闹的笑话拿来讲，固然也可以得到同样的效果，但对于那个闹笑话的人，就未免有点儿不敬，当然，只要你不指名道姓就可以。讲自己闹过的笑话，开开自己的玩笑，除了能够博人一笑之外，还会使人觉得你为人很随和，很容易相处。

当然，人人都喜欢听笑话，假如你构思了大量的笑话，而又富有说笑话的经验的话，那你恐怕是最受人欢迎的人了。

与人幽默闲谈是人际交流中必要的环节，但是需要注意的是，很多人在幽默闲谈中往往把握不好分寸，甚至说一些不负责任的闲话，而这些闲话中难免会涉及别人的是非，如果说得多了，难免会伤害到他人。

第二章

处世幽默——巧妙化解矛盾冲突

用幽默钝化他人的攻击

幽默是在关键时候能够为你挺身而出的义气哥们儿，但是要它出来帮你解围的关键前提是你也会幽默。如果一个人连幽默是怎么一回事都不清楚，又怎会在危急时刻用幽默为自己助阵呢？

幽默口才需要修炼，首先需要对幽默给予适度的重视以及必要的练习，将幽默处世练习成为一种习惯，那么你将在曲折的生活中真正无懈可击。

人生在世，长在世，活在世，就应该慢慢体悟处世之道。面对他人的不敬，应该用智慧、用口才去反驳。

幽默口才的魅力恰恰在于能将棱角分明的话语表达得诙谐，却不失锋利的语言威力。以下两则小案例可以使人身临其境般感受到幽默的魅力与威力。

苏联诗人马雅可夫斯基曾与反对苏维埃政府的人进行论辩。

反对者问："马雅可夫斯基，你和浑蛋差多少？"

马雅可夫斯基怒而不露，不慌不忙地走到反对者跟前说：

"我和浑蛋只有一步之差。"

在场的人听了都哈哈大笑了起来，那位攻击马雅可夫斯基的人只好灰溜溜地跑开了。

另外，还有这样一个故事。

俄罗斯有一位著名的丑角演员杜罗夫。在一次演出的幕间休息时，一个很傲慢的观众走到他的身边，讥讽地问道："丑角先生，观众非常欢迎你吧？"

"还好。"

"要想在马戏班中受到欢迎，丑角是不是就必须要具有一张愚蠢而又丑怪的脸蛋呢？"

"确实如此。"杜罗夫回答说，"如果我能生一张像先生您那样的脸蛋的话，我准能拿到双薪。"

在这里杜罗夫巧妙地把这位傲慢观众的脸蛋同自己能否拿双薪联系在一起，从而产生了幽默的回击效果，对这位傲慢的观众进行了反讽。

案例中的几位主人公无不在为人处世之中遵循笑的智慧，利用幽默冲锋枪将他人的攻击消灭于无形。如果说他人的言语攻击是箭，那么幽默的口才就是在任何时候都能够将利箭阻挡在外的盾牌。

"顾左右而言他"的幽默

在语言交际中，我们难免遇到一些令自己或者他人尴尬的问话，比如，涉及国家、组织的秘密，涉及个人收入、个人生活、人际关系等问题。对这样一些提问，如果我们只用一句"无可奉告"来应对，那会使我们显得粗俗无礼，如果套用正式用语来作答，那又会给提问者造成心理上的失望与不快。总之，对待这样一些刁钻的问题，我们答得不好，就有可能给自己套上难解的绳索，使自己陷入十分难堪的泥淖不能自拔，以致大失脸面。

如处于这样的尴尬场合时，就需要具备"顾左右而言他"的幽默语言艺术，从而能使你面对尴尬而峰回路转，取得柳暗花明的效果。顾名思义，"顾左右而言他"是指有意避开话题而用其他的话搪塞过去的说话方式。幽默总是让生活充满欢快的情调，让严肃变得和蔼可亲。

在课堂上，老师突然叫一位学生来回答自己的问题，待该学生回答完毕后，却引来了同学们的一阵哄笑。因为这位同学回答的是前一道题，与现在的问题风马牛不相及。虽然老师也笑了，但是笑过之后，他对这位同学幽默地说道："辛苦你了，快吃饭吧。"学生们听到老师如此"顾左右而言他"的幽默，更是笑得开心，连那位同学也不禁笑了起来，而且在接下来的时间里，他听讲听得认真了，对自己的老师也更加敬畏了。

这位老师巧妙利用了"顾左右而言他"的幽默技法，让这位同学不至于下不来台，同时也用自己和蔼的幽默态度感染了大家。

普希金也是一个善于运用幽默的人。

大诗人普希金个子不高，一次在彼得堡参加一个公爵的家庭舞会，当他邀请一位小姐跳舞时，这位小姐极傲慢地说："我不能和小孩子一起跳舞！"普希金很礼貌地鞠了一躬，笑着说："对不起！亲爱的小姐，我不知道你怀着孩子。"说完便离开了，而那位漂亮的小姐无言以对，脸色绯红。

利用语言的双解，普希金巧妙将话题的针对点从自己的身高上转到了那位漂亮的小姐身上，不露痕迹地将自己的尴尬转给了漂亮而又傲慢的小姐，使她脸红。

所以，我们在采用"顾左右而言他"的解围法时，应尽量把它运用得不露声色、婉转巧妙。

在幽默口才中，反讽不是气急败坏地叫嚣，也不是"黔驴技穷"地狂鸣，它应该是偶尔露出的峥嵘，锐利锋芒的一现，是在幽默垫脚石中形成的处世方法。

触及他人痛处时的化解

与人说话中，有时会遇到这样的情况：你会不小心拿对方的缺陷开玩笑；对亲近的人说话，你有时忽略他的感受；批评人的时候，你会专挑对方的缺陷狠说；拒绝别人时，你偶尔要讽刺一下对方才甘心。其实这是非常缺少人情味儿的做法，有悖于道德与美德。在与他人的交谈中，应该切记不要触碰他人的伤口，应与他人愉快地交谈。

　　每个人都有自己的忌讳，人人都讨厌别人提及自己的忌讳。与他人对话时，必须要看清对方的短处，不要将话题引到这上来，以免招来对方怨恨，特别是在开玩笑的时候。虽然大多时候，人们开玩笑的动机是好的，但如果不把握好分寸、尺度，就会产生一些不良的后果。所谓"说者无心，听者有意"。

　　在某学生寝室，初到的新生正在争排大小。小林心直口快，与小王争执了半天，见比自己小几日的小王终于同意排在最末，便说道："好啦，你排在最末，是咱们寝室的宝贝疙瘩，你又姓王，以后就叫你'疙瘩王'啦。"说者无心，听者有意，原来小王长了满脸的青春痘，每每深以为恨，此时焉能不恼？小林见又惹来了风波，心中懊悔不已，表面上却不急不恼，巧借余光中的诗句揽镜自顾道："'蜷在两腮分，依在耳翼间，迷人全在一点点。'唉，这真是'一波未平，一波又起'呀！"小王听了，不禁哑然失笑——原来小林长了一脸的雀斑。

　　小林幽默地化解了尴尬的场面，其智慧令人叹服。无意中伤害了对方，那就对着自己的某个痛处"猛烈开火"，常会使对话妙趣横生，又能化解自己戳到别人痛处的尴尬。

　　有的时候，我们可能会在无意中触及他人的痛处，使谈话或者场面出现难堪，采用幽默的自我调侃也是一个很好的方法。

　　有一次，一群大学同学举行十周年同学会，许多同学都来参加了。聚会上，一位男同学打趣地问一个女同学："听说你先生是个大老板，什么时候请我们到大酒店吃一顿。"他的话刚说完，这位女同学就不自在起来了。这时另外一个女同学悄悄地告诉这位男同学，这位女同学前不久刚和丈夫离婚了。这个男同学知道真相以后，感到无地自容。不过他迅速地加以弥补说："你看我这嘴没把门的毛病怎么还和大学时一样呀，这么多年过去了，还是不知高低深浅，真是该打嘴！"那个女同学见状，虽然心里还是感到难过，但是仍然大度地原谅了这个男同学唐突的话。这时，这个男同学赶忙幽默地换了一个话题，从尴尬中转移出来。

当我们不小心触及他人的痛处的时候，不妨也像这位男同学那样，不要死要面子，用幽默来调侃调侃自己，用真诚的语言来表达自己的歉意，这样对方才能感到释然。

遭遇尴尬时故说"痴"话

为人处世中，顾全他人的情面是很重要的。在日常生活中，我们不可避免地会遇到很多碍于情面的场面，这个时候你会保持冷静还是委屈地掉眼泪呢？

我们在不同的场合都会遭遇尴尬。尴尬的表现形式不一样，应对方式当然也有差别。用幽默语言应对的一种很好方式，就是佯装不知，故说"痴"话，好像这种尴尬从来没发生过一样。这样的幽默糊涂法，可以给自己带来好人缘。

一家星级宾馆招聘客房服务人员，经理给应聘者出了一道题目：

"假如你无意间把房门推开，看见女客一丝不挂地在沐浴，而她也看见你了，这时候你该怎么办？"

第一位答："说声'对不起'，就关门退出。"

第二位答："说声'对不起，小姐'，就关门退出。"

第三位却幽默地回答："说声'对不起，先生'，就关门退出。"

结果第三位应聘者被录取了。

为什么呢？前两位的回答都让客人有了解不开的尴尬心结，唯有第三位的回答很幽默也很巧妙。他妙就妙在假装没看清，故作"痴呆"，既保全了客人的面子，又使双方摆脱了尴尬，这就是幽默处世的价值所在。

在社交场合，许多人遭遇尴尬以后，即使假装不在意，其实心里面还是会有疙瘩，因为对每个人来说，面子都是非常重要的。所以，有时候当别人遭遇尴尬，你的安慰可能只会让对方感觉更没有面子，这时，故作不知，幽默地说一句痴话，让当事人释怀才是最好的方法。

寓理于事，不言自明

寓理于事的幽默是种高境界，虽然没有用语言表达，却深谙幽默的真谛与本质。幽默是一种生活态度，是说话处世的圆融，是一种"只可意会，不可言传"的诙谐式表达。

中国有句老话"只可意会，不可言传"，一语道破很多无法用语言形容的景象和状况。很多时候就是这样，比如你看到一篇佳作，你被深深打动了，可是如果有人说，你写篇读后感吧，那你多半会没兴致，提笔也写不出心中的感受。

不过"只可意会，不可言传"，毕竟只是一个托词，对于朋友、家人间的一些问题不好回答了，可以用这句话搪塞过去。然而在公众场合，比如领导提问、记者采访或者像外交官一样代表国家去处理外事，这句托词就起不到作用了。

如果对方问出一个让你非常棘手，不知如何回答的问题，该怎么办呢？你不回答会显得你无知，若是回答又没有贴切的语言可以描述。这时候你可以针对提问讲一个事例，让对方认同其中包含的道理，然后将此道理幽默地应用于对方的提问，使答案不言自明。

如果能反被动为主动，让对方代替自己回答问题，可以说是人际应对中的较高境界了，这就需要在幽默处世中圆融地寓理于事，让道理不言自明。

为此，在说话中我们可以针对对方的提问，举出一个类似的事例，反请对方说出其中的道理，然后回到最初的问题上，说明对方的观点正是问题的答案。一个回合下来，对方这个"系铃人"在己方的诱导下不知不觉又成了"解铃人"，使己方得以轻松地摆脱困境。

罗斯福第四次连任美国总统时，许多记者都抢着采访他，请他谈谈连任四次的感想。一位年轻记者破例得到罗斯福总统的接待。罗斯福没有正面回答这个记者提出的问题，而是先请他吃一块蛋糕。

记者获得殊荣，十分高兴，他很快便把蛋糕吃下去了。接着，总统又请他吃了一块。当他刚要开口请总统谈谈时，总统又请他吃第三块蛋糕。这个记者受宠若惊，肚子虽饱了，还是盛情难却，勉强吃了下去。

记者正在抹嘴之时，只见罗斯福总统微笑着对他说："请再吃一块吧！"

记者实在吃不下去了，便向总统告饶。

罗斯福总统幽默地笑着对他说："不需要我再谈四次连任的感想吧？刚才您已经亲身体验到了。"

罗斯福没有直接告诉记者自己的感受，而是让他通过连吃四块蛋糕，体验自己连任四次总统的感受，在幽默的行为中说出了记者所提问题的答案，策略可谓高明至极。

有时候语言确实很苍白，不足以表达你心里的感受，比如当你登上泰山，来到玉皇顶，看见头顶上云雾在太阳的照射下迅速退去，那种风云变幻的场景令你十分震撼。这时，如果有人在旁边问，谈一下你现在的感受吧。你一定顿时觉得索然无味，连继续欣赏景色的兴致都没有了。因为那个时刻，不说话只默默欣赏美景才是最好的。

有的话不需要说得很明白，对于不好回答或者不方便说的话，不妨幽默地打个比喻，或者委婉推托一下，对方也就明白，不会无趣地盘问下去了。

幽默处世的至高境界不是侃侃而谈、极力争辩，而是通过幽默而深刻的行为将自己的道理表现出来，这个时候尽管不去争辩，却已经给对方的提问以最有力的说明。

艰涩问题，避实就虚

试想一下，放在你面前两块石头，一块是圆而滑润的鹅卵石，一块是满是棱角的石头，你更喜欢把哪一块拿在手里玩耍呢？答案可想而知，没有人喜欢将一块棱角鲜明的东西握在手中玩耍，因为那会划破自己的手掌，令自己疼痛无比。鹅卵石则因为其圆滑的表面而让人喜欢。

幽默处世就像这圆滑的鹅卵石一样惹人喜爱，不会给人带来伤害，并在不会伤及他人的同时实现了自我保护。因此，幽默的人更受人们的欢迎，幽默地说话更容易为自己解围。

美国前总统里根在访问我国期间，曾去上海复旦大学与学生见面，有一个学生问里根："您在大学读书时，是否期望有一天成为美国总统？"

里根显然没有预料到学生提出这样的问题，但这位政治家颇能随机应变，他神态自若幽默地回答道："我学的是经济学，我也是个球迷，可是我毕业时，美国的大学生有1/4要失业，所以我只想先有个工作，于是当了体育新闻广播员，后来又在好莱坞当了演员，这是50年前的事了。但是我今天能当上美国总统，我认为是早先学的专业帮了我的忙，体育锻炼帮了我的忙，当然，一个演员的素质也帮了我的忙。"

里根这一段精彩的回答自有他独特的魅力，他采取"闪避式"的幽默回答方式，避开了学生提出的问题，从其他角度巧妙地加以回答。

我们在工作、生活中也经常遇到类似的问题，对这样的语势"锋芒"，采取断然回避的消极方法固然不行，"意在言外"可以说是一种较高的语言境界。表面上答非所问，实际上是以退为进。因此可以说"避锋"是为了"藏锋"，"藏锋"是为了更好地"露锋"，这样的幽默语言自然会有较强的魅力。

避实就虚的幽默方式体现的是一种迂回的思维方法。迂回思维方法指的是在解决某个问题的思考活动中遇到了难以消除的障碍时，可谋求避开或越过障碍而解决问题的思维方法，这对于工作中的创新和解决问题的口才应用具有很强的启发作用。无论是在工作还是生活中，采用闪避式回答的幽默术，可以让你的周围不再有烦恼围绕，让你的生活充满智慧的火花。

一位记者采访著名演员孙飞虎，对其简陋的住处简直难以置信，脱口而出地问道："依您的身份、地位、名声，如果在香港，早已拥有几幢别墅、豪华的设施、高级的轿车。可是您为什么会住在这又高又简易的五楼？"

这种涉及隐私的问题，一时很难说清楚，回答不好，反而会使双方都感到尴尬。孙飞虎眉头一皱，幽默地说道："女士，高高在上不正是我身份高贵的标志吗？"

这里，孙飞虎诙谐地将自己住的楼层之高与他曾扮演过的地位比较高的角色连接起来，这一避实就虚的回答，既避免了尴尬，又活跃了谈话氛围，显示了他的机敏与风趣。

人的世界像一片繁茂丛林，参差多态，有美有丑。审时度势的睿智，难得糊涂的达观，是聪明人所秉持的一贯态度。

当然，再美好的想法，也仅仅是想法。一个聪明的人，不应该只是个空谈家或者空想家。说话的圆融体现的是避直就曲的幽默语言艺术，拐个弯，绕开摆在正前方的障碍，走一条看似复杂的曲线，却可以尽快达到目的。这是迂回幽默语言的智慧，也是迂回思维的魅力所在。

讽刺幽默，机智防卫

年轻漂亮的女性，单身独处的时候，往往容易受到骚扰，但讽刺性的幽默可以帮助你减少不必要的麻烦。

一位年轻美貌的女子，独自坐在酒吧里，被一个油头粉面的青年男子瞧见了，于是他走过来主动搭话："您好，小姐，我能为您要一杯咖啡吗？"

"你要到舞厅去吗？"她喊道。

"不，不，您搞错了。我只是说，我能不能为您要一杯咖啡？"

"你说现在就去吗？"她尖声叫道，比刚才更激动了。

青年男子被她彻底搞糊涂了，红着脸悄悄地走到一个角落坐下。这时几乎所有的人都把目光转向了他，鄙夷地看着他。

过了一会儿，这个年轻女子走到他的桌子旁边。"真对不起，使你难堪了。"她说，"我只是想调查一下，看看他人对意外情况有什么反应。"

这位聪明女子的做法真让人叫绝，她故意装糊涂，大声叫嚷，引起别人注意，青年男子只好灰溜溜地躲开了。原来，幽默的口才不只是可以用来玩笑、用来放松心情，它还是一种防身术，一种威力并不低于高端武器的防身术。

机智的幽默只是针对不安好心的人而言的，在爱情的世界中，如果爱你的人正是你所爱的人，被爱是一种幸福。但是，假如爱你的人并不是你的意中人，或者你一点儿也不喜欢他，你就不会感觉被爱是一种幸福了，你可能会产生反感甚至是痛苦，这份你并不需要的爱就成了你的精神负担。别人爱你，向你求爱，他（她）并没有错，你不欢迎，你拒绝他（她）的爱，你也没错。最关键的是看你怎样拒绝，如果拒绝得恰到好处，对双方都是一种解脱，也可以免去许多麻烦。如果你不讲方式，不能恰到好处地拒绝别人的求爱，你就可能犯错误，不但伤害他人，说不定也危害自己。

因此，讽刺性幽默只适用于那些居心不良的人，对于那些苦苦追寻自己爱情的痴情人，请收起幽默的讽刺，不要伤害一个在爱的世界中善良无比的人。

幽默引导，让对方说"是"

说服他人无疑就是要让他人给予自己一个肯定的答复——"是"。说服别人的最终就是让他人与自己的观念融合在一起。然而无论是在商场、情场，还是在战场，说服他人又何尝是一件易事。说服他人需要幽默口才，需要口才中的幽默智慧一步步地进行"诱导"。

有个日本小和尚聪明绝顶，他的名字可以说是家喻户晓。他最擅长的说服方式就是用智慧诱导对方说"是"，这位小和尚的名字叫一休。

有一次，足利义满将军把自己最喜爱的一只龙目茶碗暂时寄放在安国寺，没想到被一休不小心打碎了。就在这时，足利义满派人来取龙目茶碗。

大家顿时大惊失色，不知所措，茶碗已被一休打碎，拿什么去还呢？

一休道："不必担心，我去见大将军，让我来应对他吧！"

一休对将军说："有生命的东西到最后一定会死，对不对？"

足利义满回答："是。"

一休又说道："世界上一切有形的东西，最后都会破碎消失，是不是？"

足利义满回答："是。"

一休接着说："这种破碎消失，谁也无法阻止是不是？"

足利义满还是回答"是"。

一休和尚听了足利义满的回答，露出一副很无辜的神情接着说："义满大人，您最心爱的龙目茶碗破碎了，我们无法阻止，请您原谅。"

足利义满已经连着回答了几个"是"字，所以他也知道此事不宜再严加追究了，一休和尚通过自己聪明的头脑和机敏的幽默，帮助自己和安国寺安然地渡过了这一难关。

另辟蹊径，小幽默有大智慧

每个人都有天生的创造性潜能，创造在说服过程中的比重越大，越容易激发他人的好奇，也越容易将他人的思绪引到自己的思路中来。因此，另辟蹊径让说服在幽默中悄然进行，让说服在智慧的口才中变得不再困难。

一家私营企业因经营不善，财务室的桌子上总是堆满了各种讨债单，都是千篇一律地要钱，财务主管不知该先付谁的。老板也一样，总是大概看一眼就扔在桌上，说："能拖一天就拖一天，让他们等着吧！"

但也有例外，仅有一次。

那次老板很干脆，他豪爽地说："马上给他。"

那是一张从别国传真过来的账单，除了列明货物标的、价格、金额外，大面积的空白处写着一个大大的"SOS"，旁边还画了一个头像，头像正在滴眼泪，简单的线条，但很生动。

这张不同寻常的账单一下子引起所有财务人员的注意，也引起了老板的重视，他看了后说："人家都流泪了，以最快的方式付给他吧。"

这张账单采取了与众不同的表达方式，它没有运用千篇一律的讨债方式，而是另辟蹊径，巧用一个"SOS"和一幅生动的图像，既表达了自己不得不要债的困境，又委婉而不失幽默地展示了自己的情趣。这样的讨债方式，不仅能够引起他人的重视，还能够博得他人的无限同情。可谓"一箭双雕"，令人拍案叫绝。

　　另外，需要注意的是，有些人在和别人幽默说理时，会不经意间触动了别人的"自尊"，从而火上浇油。如果我们能运用好"另辟蹊径"这个幽默招数，改变说话的方式，说话效果往往会完全不一样。

第三章

社交幽默——进退自如，笑出影响力

初次见面：幽默加深第一印象

在社交场合，赢得他人好感的重要因素来自第一次见面的印象。在这个讲求效率的时代，初次见面的印象显得更加重要。心理学上说的"首因效应"，在这个时代已经成了金科玉律。也就是说，你留给别人的第一印象，很大程度上会影响这个人对你的看法。

幽默作为陌生人之间最经济的见面礼，却具有最强大的震慑力。从容、淡定的幽默会给他人留下平和的记忆与友善的印象。

之所以强调运用幽默加深第一印象的重要性，是因为"第一印象"是你在与人初次接触时给对方留下的形象特征。第一印象在人际交往中所具备的定式效应有很大的稳定性，一个人留给他人的第一印象就像深刻的烙印，很难改变。

有人曾经说过这样一句话，所谓城市的生活就是几百万人在一起所感受到的寂寞。毕竟几百万人口的城市中，有将近几百万的人与你是陌生人，每一天我们都会在有意无意中结识新朋友。这个时候，不要让自己板起的面孔吓走新朋友。哪怕不是朋友，也请时刻用幽默来包装自己的心灵，毕竟幽默的人带给大家的不只是欢笑，更有内心的充实与豁达。

如果你是一个有幽默感的人，就要把幽默心思放在第一次见面上。第一印象只有一次，无法重来。难怪英国著名形象设计师罗伯特·庞德曾说："这是一个两分钟的世界，你只有一分钟展示给人们你是谁，另一分钟让他们喜欢你。"所以在与陌生人交往的过程中，你一定要好好抓住两分钟的印象效应时间，保持微笑，一句开朗而有活力的玩笑，会拉近两人的距离。如："你好，你长得好温顺啊，像小绵羊……"

总之，形象是社交的第一印象，语言又是形象的代言人，在与人交往中，要学会说漂亮的幽默语言，给人一种积极向上的、乐观的印象，有利于开阔自己的社交圈子。

因此，你的幽默语言必须符合以下几点：

如果你不想成为同行的笑柄的话，你的表达必须得体；

如果你不想让同行或客户鄙视的话，你的幽默必须庄重；

如果你不想让人看出你的性格或爱好的话，你的语言必须是保守、得体的。

深化记忆：幽默地说出自己的名字

初次见面时经常遇到做自我介绍的状况，而在向陌生人做自我介绍时，许多人在介绍名字方面却做得不太好，在介绍时只是简单地报出自己的姓名："我姓×，叫××。"自以为介绍已经完成，然而这样的介绍肯定算不上有技巧，也许只过了三五分钟，别人已经把他的姓名忘得一干二净，这样也就无法给别人留下深刻的第一印象。

幽默则是淡化记忆的克星，幽默的谈吐、幽默的睿智能够让他人牢记你的名字，长时间关注你的气质、风度与涵养。

因此，在社交场合，一个幽默的自我介绍如同一次令人刻骨铭心的广告。幽默的自我介绍，可以让他人在最短的时间内留下最深刻的印象，为进一步的交往打下良好的基础。一段幽默的自我介绍，首先应该从介绍自己的名字开始，请幽默地说出自己的名字，那么一次成功的交际之旅将会让你收获颇丰。

一个人的姓名，往往有一定的意义，或反映时代的乐章，或寄寓双亲对子女的殷切厚望。因此，推衍姓名的幽默能令人对你印象深刻，有时也会令人动情。

为强化你在社交中的特色与潜能，特此列举出以下几种对姓名的幽默介绍法。

（1）名人式幽默。在新生见面会上，代玉做自我介绍时，风趣地说："大家都很熟悉《红楼梦》里多愁善感的林黛玉吧，那么就请记住我，我是新时代的黛玉，叫代玉，我是黛玉的反版，因为我天生快乐。"

利用和名人的名字相近的方式来幽默地介绍自己的名字，关键注意所选的名人要是大家所熟悉的，否则就起不到最终的幽默效果。

（2）谐音式幽默。朱伟慧在一次自我介绍中曾经这样幽默地说："我的名字读起来像'居委会'，正因为如此，大家尽可以把我当成居委会，有困难的时候来反映反映，本居委会力争为大家解决问题。"听到这样的介绍，大家忍俊不禁。

大家笑不是因为朱伟慧的名字不仅起得趣味十足，更在于她将自己的名字介绍得幽默有趣。

（3）姓名来源式幽默。陈子健幽默地自白道："我还未出生的时候，名字就在我父亲的心目中了。据说他很喜欢这样一句古语'天行健，君子以自强不息'，于是毫不犹豫地给我取了这个名字，同时希望我像君子一样自强不息。没办法，父母之命不敢不从，何况刚出生的我还没有力气来修改自己的名字呢。"

以自己的名字来源作为噱头，幽默且不失明确的表达，于趣味中留给他人生动的印象，于豁达中给予他人快乐。

（4）调换词序式幽默。周非在自我介绍的时候，就经常调换词序，他竟这样跟人家介绍说："把'非洲'倒过来读就是我的名字——周非。所以请知道非洲的你们也同样明白我的存在。"

周非的自我介绍简单、幽默，充满个性，如果你的名字在顺序打乱后也是一个能够被大家熟知的事物，不妨从熟悉下手引导出自己的精彩介绍，那么想不要他人记住你都是一件比较难的事情吧。

（5）摘引式幽默。任丽群同学可谓是摘引式幽默的高手，她经常让陌生人过目不忘的原因不在于她外表的独特，而是在于她幽默的生活姿态。她在自我介绍中幽默地说道："大家都知道'鹤立

（丽）鸡群'这个成语，我是人（任），更希望出类拔萃，所以，我叫任丽群。"

这种幽默、风趣的自我介绍，想不引起他人的注意都很难。总之，自我介绍有很大的发挥空间，我们应该想方设法把它丰富起来，不要放过任何一个吸引人注意的机会。

幽默地说出你的名字，将自己的名字与大家熟知的"笑点""笑料"巧妙联系在一起，你在介绍自己的名字的同时，已经不经意地牵引他人去想象、去发笑。

因此，幽默地说出你的名字，将会是交际场上受人欢迎的一只优雅地翩翩起舞的蝴蝶，尽显自己的恢宏气度与乐观本质。

幽默公关：巧妙说服助你成功

俗话说：万事开头难。向别人提要求是件很难的事情。不仅是你，对方也会感到有一定的麻烦存在。所以，幽默的语言对公关非常必要。彬彬有礼的幽默语言是最好的敲门砖，把握好分寸就会让人难以拒绝。

人都是情感动物，只要你能打动他，他必然会欣然应允你的要求，而适当的幽默策略会使与人商谈的气氛变得友好、和谐，因此无论是间接请求还是述因请求，在提要求或者做宣传的时候都尽量幽默一些，不给对方压力，也不要使自己压抑。幽默的说话技巧让你在公关中如鱼得水。

公关，通过与人交涉来开展自己的业务，公关的成败在于口才，口才的关键在于对幽默度的把握。某个县城的一家银行就恰恰运用了幽默的公关术，利用广告幽默使自己的业务变得红火起来。

这家银行的分行开张的时候，在报纸上登载了一份很幽默的广告，广告将银行职员的姓名与一些有趣的漫画人物结合在了一起，一下子引起了当地人的极大兴趣，争相前来观看。开幕仪式结束后还有很多人慕名前来观看，其中有的人甚至将报纸上的漫画人物与银行里正在工作的职员一一进行比较。

如此一来，银行的知名度打开了，销售业绩步步高升，漫画给银行带来了效益，更确切地说是幽默公关给银行带来了利润。

像这家银行一样利用幽默来实现顺利公关、打开品牌销路的例子不胜枚举。如美国的一家打字机公司就曾这样幽默地打出自己的广告语："不打不相识"，有家餐厅的广告语这样说："本店征招顾客无数名，无须经验。"广告作为公关的范畴，目的就是激发人们潜在的购买欲，最终实现购买行为。而幽默是公关业务最巧妙的说服手段。

另外，幽默公关的技巧包括：

1. 公关交谈，没话要找话，话要有趣味

真正的幽默高手，不会出现冷场的尴尬局面，因为他们总是能够在适当的时候找到合适的话题来打破不和谐的气氛。公关是一个公司综合发展的重要手段，公关的幽默口才对商谈的进程起到了非常重要的作用。

幽默可以让优秀的公关人员在轻松交谈中引导整个交谈的进程，在交谈中处于主动地位，从而促进商务活动的开展，实现强有

力的合作。

2.幽默激将，说服他人妙不可言

激将法是幽默公关中的一种战略口才，虽然没有幽默的说辞，也不会给别人带来搞笑的趣味，但是它确实能达成自己的愿望。

激将法并不是每一个人都能够运用得恰到好处，幽默的激将法不仅仅是内在幽默生活态度的体现，更是一种圆融的说话智慧。学会幽默的激将表达，你将会说服他人无法说服的人，你将会做到他人难以做到的事情。

含蓄说话：幽默胜过千呼万唤

1890 年，美国著名的幽默作家马克·吐温和一些社会名流参加道奇夫人的家宴。不一会儿，就出现了大宴会上经常发生的情况：人人都在跟旁边的人谈话，而且在同一时间讲话，慢慢地，大家便把嗓音越提越高，拼命想让对方听见。

马克·吐温觉得这样有伤大雅，太不文明了。而如果这时突然大叫一声，让大家都安静下来，其结果肯定会惹人生气，甚至闹得不欢而散。怎么办呢？

马克·吐温心生一计。他对邻座的一位太太说："我要让这场吵闹静下来，法子只有一个。您把头歪到我这边来，装成对我讲的话非常好奇的样子，我就这样低声说话。这样，旁边的人因为听不到我说的话，就会想听我说的话。

"我只要嘀嘀咕咕一阵子，你就会看到，谈话会一个个停下来，最后，除了我嘀嘀咕咕的声音外，其他什么声音都没有。"

接着，他就低声讲了起来："11年前，我到芝加哥去参加欢迎格兰特的庆祝活动时，第一个晚上设了盛大的宴会，到场的退伍军人有600多人。

"坐在我旁边的是××先生，他耳朵很不灵便，有了聋子通常有的习惯，不是好好地说话，而是大声地吼叫。他有时候手拿刀叉沉思五六分钟，然后突然一声吼叫，会吓你一跳。"

说到这里，道奇夫人那边桌子上闹哄哄的声音小了下来。然后寂静沿着长桌，一对对一双双蔓延开来，马克·吐温用更轻的声音一本正经地讲下去："在××先生不作声时，坐在我对面的一个人对他邻座讲的事快讲完了……说时迟那时快，他一把揪住那人的长头发，那人尖声地叫唤，哀求着，他把那人的领子按在他的膝盖上，然后用刺刀猛然一划……"

到这时候，马克·吐温的玩笑已经达到了目的，餐厅里一片寂静。马克·吐温见时机已到，便开口说明他玩这个游戏是要请他们记住这个教训，从此要讲礼貌，顾念大家，不要一大伙人高声尖叫，让一个人讲话，其余的人好生听着。大家听了，哄堂大笑，只是个个脸上的表情都有些尴尬。

任何时候给他人提意见都不是一件轻松的事情，提意见从出发点来看是出于好心，但不小心就会给他人造成不快，尤其是在公众场合。

如果能把直言变成幽默的语言，既能够表达自己的意见，又使对方在笑声中认识到错误，听取你的意见。

淡化感情：幽默融化交际之冰

社交过程中，并不总是一帆风顺，当你在公众交往中遇到了让自己尴尬、让他人尴尬，让自己为难、让他人为难的境况时，不要着急摆脱，学会运用幽默的智慧将谈话的感情色彩淡化，才能将交际之冰巧妙融化。

幽默的口才就如春风一样让人心旷神怡，愉悦人的情感，让你在亲和中拉近双方距离。这就是幽默在交际中的魅力与威力。

因此，在社交活动中如果遇到让人尴尬而不满的情景，最好不要生硬地表达，而要学会运用幽默，淡化感情色彩，从而摆脱尴尬的局面。

在纽约国际笔会第 48 届年会上，轮到陆文夫发言。面对来自世界四十多个国家的六百多位代表，他不慌不忙，侃侃而谈。

有人问："陆先生，您对性文学怎么看？"这是一个尖锐的问题，回答不好会涉及不同国家的文化冲突问题。

陆文夫清了清嗓子风度翩翩地说："西方朋友接受一盒礼品时，往往当着别人的面就打开来看，而中国人恰恰相反，一般都要等客人离开以后才打开盒子。"

听众席里发出会意的笑声。陆文夫面对难以回答的问题，别出心裁用一个充满睿智和幽默感的生动比喻，把一个敏感棘手的难题解答得既简练通俗又圆满精辟。凭借诙谐的语言表达了自己对此的态度，淡化了感情色彩。

无独有偶，英国前首相丘吉尔也曾经在公众场合遭遇了尴尬。但是，他没有被突如其来的嘲笑所吓倒，因为幽默的智慧远远胜过嘲笑的挑衅。

英国前首相丘吉尔在他执政的最后一年，出席一个政府举办的仪式。在他身后不远的地方有几个绅士窃窃私语："你看，那不是丘吉尔吗？""人家说他现在已经开始老朽了。""还有人说他就要下台了，要把他的位子让给精力更充沛、更有能力的人了。"当这个仪式结束的时候，丘吉尔转过头来，对这几个绅士煞有介事地说："唉，先生们，我还听说他的耳朵近来也不好使了。"

丘吉尔知道，自尊自爱是要以适当方式来表达自己的思想感情，他这里的幽默一语，既淡化了感情色彩，给自己解了围，又表达了不满，使那些绅士自讨没趣。

社交场合碰到别人的不恭言行，还真不能发作，但憋在心里也不好受。海明威曾说过："告诉他你不高兴，但在话中别出现'不高兴'这个词。"把表示不满的语言用幽默的语言掩饰一下，让对方知道你不高兴，又不至于破坏气氛，是个不错的方法。

在社交场合中，随时都可能遇到"结冰"的状况，灵活的人会选择用幽默的沟通方式破除不和谐的"坚冰"。淡化感情的幽默技巧，是走上成功社交之路的法宝，是我们在现代生活中立于不败之地的重要技能。那么，正在思索该如何在社交中如鱼得水般游刃有余的你，应该学会用淡化感情的方式来渲染幽默的氛围。

淡定一笑：面对嘲笑多点儿雅量

面对他人的嘲笑，一定要有胸襟、雅量，能够幽默地面对他人的嘲笑则是一种境界，同时也是一种做人的智慧。

幽默，所体现的正是大度的气量与乐观的生活姿态。幽默不仅让我们感受到了快乐的力量，而且能够让我们体会到人性的豁达与包容。

在社交中，受到他人的称赞与尊重固然是值得高兴与欣慰的事情，但毕竟一个人的言行举止不可能满足各种人的"口味"。因此，人在"江湖"受到一部分人尊重的同时，而会受到另一部分人的嘲笑。当友善的自己遇到他人的嘲笑时，不妨多点儿幽默的雅量来面对。幽默会让你看淡他人的无礼，提升自己的人格。

曾任美国总统的福特在大学里是一名橄榄球运动员，体质非常好，所以他在 62 岁入主白宫时，仍然非常挺拔结实。当了总统以后，他仍继续滑雪、打高尔夫球和网球，而且擅长这几项运动。

在 1975 年 5 月，他到奥地利访问，当飞机抵达萨尔茨堡，他走下舷梯时，他的皮鞋碰到一个隆起的地方，脚一滑就跌倒在跑道上。他站起来，没有受伤，但使他惊奇的是，记者们竟把他这次跌倒当成一个大新闻，大肆渲染起来。在同一天里，他又在丽希丹宫被雨淋湿了的长梯上滑倒了两次，险些跌下来。随即一个说法散播开了：福特总统笨手笨脚，行动不灵敏。自此以后，福特每次跌跤或者撞伤头部或者跌倒在雪地上，记者们总是添油加醋地把消息向全世界报道。后来，他不跌跤竟然也变成新闻了。哥伦比亚广播公司曾这样报道说："我一直在等待着总统撞伤头部，或者扭伤胫骨，或者受点儿轻伤之类的来吸引读者。"记者们如此渲染似乎想给人形成一种印象：福特总统是个行动笨拙的人。电视节目主持人还在电视中和福特总统开玩笑，喜剧演员切维·蔡斯甚至在"星期六现场直播"节目里模仿总统滑倒和跌跤的动作。

福特的新闻秘书朗·聂森对此提出抗议，他对记者们说："总统是健康而且优雅的，他可以说是我们能记得起的总统中身体最为健壮的一位。"

"我是一个活动家，"福特幽默道，"活动家比任何人都容易跌跤。"

他对别人的玩笑总是一笑了之。1976 年 3 月，他还在华盛顿广播电视记者协会年会上和切维·蔡斯同台表演过。节目开始，蔡斯先出场。当乐队奏起"向总统致敬"的乐曲时，他"绊"了一下，跌倒在歌舞厅的地板上，从一端滑到另一端，头部撞到讲台上。此时，每个到场的人都捧腹大笑，福特也跟着笑了。

当轮到福特出场时，蔡斯站了起来，佯装被餐桌布缠住了，弄得碟子和银餐具纷纷落地。蔡斯装作要把演讲稿放在乐队指挥台上，可一不留心，稿纸掉了，撒得满地都是。众人哄堂大笑，福特却满不在乎地说道："蔡斯先生，你是个非常、非常滑稽的演员。"

面对嘲笑，最忌讳的做法是勃然大怒，大骂一通，其结果只会让嘲笑之声越来越炽。要让嘲笑自然平息，最好的办法是运用幽默的姿态一笑了之。一个有幽默感的人，不会去考虑别人的想法，而是有风度、有气概地接受一切非难与嘲笑。伟大的心灵多是海底之下的暗流。

这再次证明了幽默比滑稽更具有影响力，幽默是尴尬与拘谨的克星，幽默让一个有涵养的人懂得用雅量去面对他人的嘲笑。

在社交过程中，以讥讽应对嘲笑，只会降低自己的品格，让他人的嘲笑声再次风起云涌。多点儿雅量面对嘲笑，是对自己的信任，对他人的包容，是淡定从容积淀出来的优雅。有了雅量的人生，就是充满尊敬、赞扬与幽默的人生。

第四章

恋爱幽默——幽默是恋爱的必杀技

接近异性，幽默是通行证

每个人在茫茫人海中都希望能碰到自己梦寐以求的"梦中情人"。如果在无意中碰到了自己心目中的另一半，我们该如何更好地去靠近他或者她？毕竟，太过冒昧地打招呼会惊吓到对方，但是不说话又不忍心就此放弃。在这个两难时刻，幽默搭话是最可行的办法，因为幽默能够让你可进可退。

有很多人，特别是男孩子不敢尝试接近自己喜欢的女孩，因为他们害怕会遭到女孩的拒绝。其实，几乎每一个女孩都会以被众多男士追求而感到自豪和骄傲。因此，鼓起勇气，以一颗幽默的平常心走向你心目中的那个漂亮女孩，勇敢地与她攀谈，你将收获意想不到的惊喜。

男生："同学，你应该要赔偿我吧？"

女生一惊，面露愠色道："赔偿什么啊？"

男生说："刚才我在那边的时候，被你的眼睛电到了，你应该要赔偿啊，作为一个有责任的大学生，尤其是一个成年人，应该为自己的行为负责任吧。"

于是女生笑了。

结果表明，男孩以幽默俏皮的语言轻而易举地获得了少女的芳心。其实，与异性进行幽默沟通并不难。幽默沟通遵循的原则关键有两条：一是采取肯定的态度和亲切的态度，不要轻易向异性说"不"，因为这样容易伤害对方的自尊心；二是要显得自信，不要一接触异性就显得紧张致使不能坦然相处。当然，与异性幽默沟通时的相互尊重是必不可少的，否则将会带来不必要的误解。

曾担任过国务卿的美国五星上将卡特利特·马歇尔在他驻地的一次酒会上，请求一位小姐答应让他送她回家。这位小姐的家就住附近，可是马歇尔开了一个多小时的车才把她送到家门口。"你来这儿不很久吧？"她问，"你好像不太认识路似的。""我不敢那样说，如果我对这个地方不太熟悉，我怎么能够开一个多小时的车，而一次也没经过你家门口呢？"马歇尔回答说。

马歇尔对那位小姐的巧妙回答隐含了"我想和你多待一会儿"的意思，幽默的趣味尽在其中。在制造好感之前应该要有充分的心理准备，让大脑处于活跃状态，以便随时发挥。如果在与女士的接触中，心理活动不够稳定，总是一副局促不安的状态，难免会产生不必要的窘态，幽默也就无从谈起。

在生活中，如果男孩遇到自己心仪的女孩，该怎么具体运用幽默呢？

首先，必须要有勇气，不能被漂亮女孩的傲气弄得手足无措；其次，要保持一颗平常心，无论她的脾气怎样，要让自己做好接受的准备，大胆走近她，与她搭话；再次，尽可能地利用一切可捕捉到的信息、可见的情景幽默一下，跟她开个小玩笑。但应该注意，异性之间开玩笑不可过分，尤其是不能在异性面前说低俗的笑话，这会降低自己的人格，也会让异性认为你思想不健康。

自然幽默，滋生爱情火花

爱情是心与心的吸引，是情感与情感的碰撞。爱情是生命中最为温暖的一缕阳光，是人生旅途中最为迷人的一枝花。爱情的芬芳，让人浮想、惹人追求。在茫茫的人海中，不经意的回眸，或者不小心的擦肩而过，或许都会引起缘分的萌动。开始一种缘分，赢得一份真情，需要真诚，也需要一份自然的幽默感。

爱情需要感情作为基础，但这并不说明爱情与说话能力毫无关系。谈情说爱着重于"谈、说"二字。尽管幽默的力量不一定叫别人对自己一见钟情，但是它却对感情起到了升华的作用。无数事实证明，男女之间从互相怀有好感，到长出感情的幼芽，到它健康地生长，再到它开花、结出果实的过程中，浇灌幽默语言之水是其中一个重要的因素。

小伙子："我很害怕你。"

姑娘一听，非常纳闷地问："我有那么可怕吗？"

小伙子："因为我一见到你就魂不守舍，你不在我身边的时候，把我的灵魂都带走了，让我每分每秒都在想念你。"

姑娘听到小伙子这样说，一下子红了脸，并对小伙子产生了说不出的好感。小伙子用这种幽默的方式，巧妙表达了对姑娘的热烈爱意。

良好的幽默素养有利于感情的表达和交流，有利于帮助人们更好地掌握爱情几个阶段的"火候"。如果我们能充分发挥幽默的作用，我们的爱情世界将会妙趣横生。不论是在情感进展顺利时的甜言蜜语，还是在磕磕碰碰时开出的玩笑，幽默总能逗起情感世界里的乐趣，干戈化玉帛。假如幽默素养低下，有"情"不能谈，有"爱"不能表，久而久之，已萌发幼芽的爱情便会枯萎。

小青交上了一位胆怯、寡言的男朋友。他常去找她，很想接近她，但又没有勇气向她求爱。小青喜欢他的诚实，但又清楚地知道他的弱点。一个月亮当空的夜晚，万籁俱寂，他和她在小河边的柳树下坐着。为了打破僵局，小青想法子要给他一个亲近的机会。

小青："有人说，男子手臂的长度等于女子的腰围，你相信不？"

男朋友："你要不要找根绳子来比比看？"

"谁要你找绳子！"小青生气地责怪。

"你不是要量腰围吗？"男朋友突然冒出一句幽默的问话。

谁料想，正是男朋友这句冷不防的幽默让小青的气一下子消了。

有趣的幽默口才能够赢得一份真挚的爱情，而拙劣的语言表达与理解思维，可能会断送掉一份难得的爱情。爱情需要幽默的调节，幽默的人是聪明的，有幽默浇灌的爱情是亮丽和美好的。

特色幽默，尽显人情魅力

在现代生活中，高层次的魅力品质是很多人的追求，无论我们从事哪一个行业，幽默总是会使一个人在魅力的光环之下受到关注。原因很简单，评价一个人是否具有魅力的重要标准是他或者她有没有男人或者女人的味道。当一个男人充满了敢作敢当、智慧沉稳的男人味，一个女人充满了温婉含蓄、美丽大方的女人味的时候，也就意味着他们已经具备了足够吸引异性的魅力。幽默则让男人与女人在各自的角色中上演着独特的魅力。

女人味与男人味是一种魅力，也是一种发自内心的气质，其中，幽默风趣所占的比重并不小。幽默的谈吐体现的正是一个现代男人或者现代女人的深度和风度。也就是说，男性的幽默会让一个男人更加富有男人的味道与魅力，女人的风趣更加体现出一个知性女人的美丽与达观。

一位漂亮的女孩子在约会中总是迟到，她的男朋友一次次地忍受着。这一天，当女孩姗姗来迟的时候，男朋友从背后拿出一束塑料花作为礼物送给了女孩子。

女孩子很惊讶地说："咦？你以前不是送我鲜花的吗？今天为什么要送塑料花，塑料花的寓意不好吧？"

男孩子笑笑说："因为鲜花在我等你的过程中就已经谢了，没办法就换成了塑料花啊。"

女孩子听到男孩子的回答，脸慢慢地羞红，她对此深表歉意，并对男孩子说她以后会注意的。

男孩子运用善意的幽默，适度巧妙地表达了自己的不满，并让女孩子轻松接受。而且女孩子对男孩子的幽默提醒深感敬佩，对他的感情又加深了很多。

特色幽默，不仅代表着性格上的特色，更具有着一些专业的特色。毕竟每个人的性格不同，所中意的幽默风格会有所不同；所从事的工作不同，表现出来的幽默也会有所不同。以下这些不同学科老师的表白尽显他们的幽默特色。

一位地理老师向给自己心仪的女孩子表白时，这样说道："如果你是东半球，那么我就是西半球，我们需要在一起，因为那样就能够组成一个地球了。"

女孩却更加幽默地回复说："那就孤单了，因为地球上就只有我们一对儿了。"

数学老师在告白时候这样说："我美丽的小姐，你知道吗？你是正数，我是负数，既然我们都是有理数，就应该组合在一起。"

女孩子幽默回复说："可是结婚后，如果我们中有谁做出了非常无理的事情，那还叫有理吗？"

可想而知，特色幽默就是根据自身的处境、自己的喜好或者是自己从事的专业，而延伸出的一系列幽默。特色性的幽默来源于自身的特点，是个人魅力的充分展示。

礼貌幽默，距离成就美感

女性大多善于表达，交谈的需要比男性强，但这种需要大多出于感情的满足，所以女性交谈时容易忘记正事、正题，这就需要男性及时将话题转到要谈的事情上。男士要充当"谈话"的引导者，否则会使交谈变得漫无边际。

女性的观察力很强，但她们对具有逻辑推理的幽默语言有时反应要慢一些，她们得慢慢地理解、消化。所以第一次同其讲话，尽量不要用一些夸张语言和说一些俏皮话，否则容易产生误解。如"你今天的发式真漂亮，连白云见了都会躲起来"，这样的话让女士马上会敏感地从"白发""乱发"联想，而不会联想到"秀发如云"。

女性大都喜欢听赞扬的话，但赞扬不可太露骨，要含蓄一些。对于那些年轻貌美、性格开朗的女性，可以赞扬其容貌靓丽，如"你长得真漂亮，很清纯"。对那些内向性格的女性，不可直言赞扬，而应委婉地说："你很文静，也很漂亮。"否则你会被认为不正经、轻佻。对相貌平平的女士，则可以称赞"你很有气质，一看便知是一名知识女性""一看你就能感到你是一个善良纯朴的女性"。这样说对方会感到非常高兴。

所以，男士若要博得女士的好感，在交谈中一定要对她们的心理有一定了解，注意男女有别，一定要保持应有的距离，而不能把男人圈里的东西随便搬过来。否则，男士或许会因为某些不恰当的话题而被女士的幽默机智搞得很尴尬，这绝不是个案。

一个男子在火车站候车，看见坐在身边的一位女士光彩照人，穿着一双很好看的丝袜，便凑上前去搭话。

男子："你这双袜子是从哪儿买的？我想给我的妻子也买一双。"

女士："我劝你最好别买，穿这种袜子，会招来不三不四的男人找借口跟你妻子搭话的。"

女士的回答再简练不过，分量却极重，直说得那位男子面部肌肉痉挛。在前后一问一答中，虽然话题同为一个——袜子，但是，这位女士从中寻到一个一词双关的进攻点，即如果你的妻子穿上也会惹来不三不四的男人搭话，让那个或许有点儿居心不良的男人下不来台。

作为女子不会轻易拒绝别人，而往往用沉默、注意力转移或假装没听见来表示婉转推辞。遇到这种情况，男士应立即结束交谈，或者转到其他话题。

另外，在某些场合，总有一些男士说一些低俗的笑话，然后问女士："你一定能了解吧？"或者说："你自己会如何做呢？"然后暧昧地嘲笑女士："假装不懂吧？"

其实，在一些场合说低俗的笑话实在是不明智的做法。不仅会造成对方的尴尬，弄不好还惹上"性骚扰"的罪名，得不偿失。

因此在与女士交谈，尤其是与自己心爱的女孩子在一起交谈的时候，幽默话语应该有礼有节，这样才能给对方留下好的印象。

应用幽默，增强恋爱美感

恋爱能够使人的生命焕发出甜蜜的光芒，恋人的微笑就是游荡在甜蜜中的芬芳。如果说爱情是生命中的一股春风，那么幽默的言语就是不断向空气中散发香气的玫瑰花。

幽默话能增进爱人间的感情，让爱情保鲜。

男孩和女孩在同一座城市的两所大学读书。这次正碰上期末考试，两人都在紧张地准备。

一天，女孩给男孩打电话说道："我的《大学英语考试指南》急用，你送过来好吗？"

男孩装作病恹恹地说："我也想给你送过去，可是我生病了，还病得不轻啊。"

女孩一听就紧张起来："你怎么了？要不要紧？"

"唉，我得了一种很严重的病，叫相思病。"

女孩的眼泪在眼眶里打起了转，有一点点生气，但更多的是激动。从此，两人的感情更好了。

男孩借助相思病的诙谐式撒娇，让女孩深刻体会到了他的深情。幽默不仅可以是恋人之间的情趣，也可以是一种感动。

在爱人、夫妻之间，一句表情严肃的"我爱你"固然不可少，用幽默方式表达爱意也是个好方式。喜欢幽默似乎是人天生的，如果爱能时不时地用幽默表达出来，对方感受到的，不仅是有趣，更是一片真情。

在李国文的小说《月食》中有这样一段对话：

她甜甜地一笑……"你知道那种花叫什么名字吗？啊？还是个记者呐！连那都不明白，我从大辞典上把它找到了，你猜猜叫什么，一个恰好的名字。"

伊汝望着她那恬静的脸等待着。

"勿望（忘）我！"她轻轻地吐出了这三个字。

"勿望我"即"勿忘我"也！这样的幽默多么高雅，多么令人心醉啊。

有位小伙子抄了一首诗赠送女友："生命诚可贵，自由价更高；若为爱情故，两者皆可抛。"

女友说："这诗抄错了。"

小伙子说："没错，就要这个意思。"

女友问："什么意思？"

小伙子："你若不爱我，我就不要命了——自杀；你若爱我，我就不要自由了——随你管制。"

这样的"曲解"很幽默，表达的爱情也够强烈，女友听了能不心花怒放吗？

沐浴在爱河中的人的字典里，没有老套的字眼儿，更不会惧怕幽默的洗礼。幽默在爱情的故事中，是一种剧情需要，这种剧情的需要让爱情更加缤纷绚烂、多姿多彩。

莎士比亚说过："你有舌头吗？如果你不能用舌头博取女人的心，你就不配称为男人！"示爱很有可能决定你一生的爱情归宿，它是一件十分严肃而又颇为困难的事，因此，你有必要费一番心思和口舌来把这件事做得漂亮成功。

不过需要明确的一点是，莎士比亚也说过："爱情不是轻软的眼泪，更不是死硬的强迫，爱情是建立在共同的基础上的。"可见真正要使"我爱你"三个字得到预期的回应，必须要找对对象。

爱有阴晴，幽默是和事佬

男女初接触时，都是花前月下、卿卿我我，互相看到对方的优点。然而爱也有阴晴圆缺，天长日久，恋爱双方开始对对方有所抱怨，甚至出现争吵、冷战。这时候，我们就应该学习运用幽默化解不愉快。

彤与舟是大学同班同学。在一次大学生辩论会上，舟敏锐的思维、犀利的语言、雄辩的话语俘获了彤的芳心。大学毕业后，他们又被分配在同一座城市工作。

正当彤怀着迫不及待的心情准备与舟共筑爱巢时，彤的同学却告诉她，最近，她经常看到舟与一个很摩登靓丽的女孩子在一起。为此，彤指责舟对爱情不忠贞，见异思迁，舟解释说，那是他表妹，她来到这个城市求他帮她找一份工作。可彤根本不信，说舟在欺骗她，并闹着要与他分手。

深爱着彤的舟当然不愿失去心上人。于是，舟对彤说："人们都说你是才貌双全的美女，你怎么不想一想呀，除你之外，我真想不出有第二个愿意与我恋爱的。你瞧，我老气横秋，长相有损市容，写尽了人生的沧桑和苦难；再瞧我这条件，一下子就容易让人们联想到是刚经过洪水洗礼的困难户、重灾户，我现在最向往的是如何尽快脱贫致富，以报小姐的知遇之恩，哪敢花心哟。"

一席话说得彤转怒为喜，忍俊不禁。

舟的这番爱情表白，可谓妙语连珠、谐趣横生。究其原因，其用词的"错误"起着极大作用。两个人发生争执时，男士最好采用这种贬损自己的幽默方法来达到取悦女士的目的，这样她的怨气会立刻消散。

女人对于男人用这些形容词来巧妙道歉，永远不会觉得烦。就像男人听到"谢谢你，很有道理""好主意，感谢你的耐心"这些句子，也永远不嫌烦一样。作为男人，在与心爱女孩的交往中，该道歉时就要及时道歉，开启尊口，智解危机。适当的时候要学会采用幽默的方式来解围。

雅倩非常喜欢跳舞，男友小张偏是个好静的人，正参加自学考试，常被她拉去"看"舞。雅倩有个很不好的习惯，不跳到舞厅关门不尽兴，久而久之小张就受不了了。

有一次他们从舞厅出来已是夜里12点多了，小张说："你的慢四跳得很棒，我还没看够。你一路跳回宿舍怎么样？"雅倩撒娇说："你想累死我啊？"

小张一副认真的样子："不要紧，我用快三陪你跳。"雅倩扑哧一乐："亏你想得出，丢下我一个人也不怕我碰上流氓。"小张这时言归正传："那你在舞厅丢下我一个人也不怕我打瞌睡被人掏了包儿。"雅倩这时才知道男友压根儿没有兴趣跳舞，以后就有所收敛了。

　　当我们无意中让恋人生气了，不妨像小张一样运用幽默的战术，可以比较轻松地将对方生气的时间缩短，让他（她）怨气全消。毕竟很少有人不喜欢接受真诚、诙谐、轻松的道歉。

　　人有悲欢离合，月有阴晴圆缺。在爱情的世界中，一切并不都是那么和美、甜蜜，当两个人之间出现了小矛盾的时候，巧用幽默可以让你们和好如初，还能升华你们的爱情。

下 篇

会拒绝

——让你从此少受伤

第一章

巧妙说"不"，别让不好意思害了你

巧妙运用"客观理由"进行拒绝

从对方的利益出发，掌握好说"不"的分寸和技巧，给对方一个能够接受的、不会伤害对方的理由十分重要。

随着社会的发展，人与人之间的交往越来越密切，也越来越复杂。其实，我们每个人都希望得到他人的关注与理解。因此在职场上，我们要学会理解他人，把握好处理事情的分寸，尤其是在我们因为各种原因而不能配合对方时，一定要从对方的利益出发，说好理由。

例如，在办公室里，你在拒绝别人请求时，如只是说"我很忙"，对方则会认为你不爱帮助别人。所以，拒绝别人时，要具体地说明一下理由。

再如，你正忙着整理第二天重要会议的资料时，你的上司走过来对你说："先处理这份文件。"

这时，你可以明确地告诉他自己正在为第二天的重要会议准备资料，然后让上司判断哪项工作更加紧急。

"是这样啊！你正在做的工作不尽快完成可不行，我的这份之后再弄。"

每个人都会有需要别人施以援手的时候。有时因为条件不允许，我们不得不去拒绝别人，这时可以采取适当的拒绝方式，最大限度地避免因为拒绝而树敌。

经常有人会说出这样的话："这件事情恕难照办！""我们每天都一样工作，凭什么要我帮你的忙？"……

如果你听到这些话，会是什么反应呢？你会很高兴、很客气地说"既然如此，那我就不打扰你了，对不起"吗？恐怕不会吧。你一定会恼羞成怒地回击对方："你这个人讲话怎么如此无情！"然后拂袖而去。

一般情况下，我们在拒绝别人的时候要注意以下几点：

1. 耐心地倾听

当你拒绝别人的请求时，不要随口就说出自己的想法。过分急切的拒绝最容易引起对方的反感，应该耐心地听完对方的话，并真正弄懂对方的理由和要求，让对方了解到自己的拒绝不是草率做出的，是在认真考虑之后不得已而为之的。

2. 用和蔼的态度拒绝对方

不要以一种高高在上的态度拒绝对方的要求，不要对他人的请求流露出不快的神色，更不要蔑视或忽略对方，这都是没有修养的具体表现，会让对方觉得你的拒绝是因为对他抱有成见，从而对你的拒绝产生反感。拒绝对方要保持和蔼的态度，要真诚。

3. 明白地告诉对方你需要考虑的时间

我们经常碍于面子不愿意当面拒绝他人的请求，而是以"需要考虑"为借口来避免直接拒绝对方，其实希望通过拖延时间使对方知难而退，这是错误的。如果不愿意立刻当面拒绝，应该明确告知对方需要考虑的时间，表示自己的诚意。

4. 用抱歉的话语来缓和对方的情绪

对于他人的请求，表示出无能为力，或迫于情势而不得不拒绝时，一定记得加上"实在对不起""请您原谅"等抱歉用语，这样，便能不同程度地减轻对方因遭拒绝而受的打击，舒缓对方的挫折感和对立情绪。

5. 说明拒绝的理由

在拒绝他人的请求时，不要想着只用一个"不"字就让对方"打道回府"，而应给"不"加上合情合理的注解，以使对方明白，自己的拒绝并非是毫无理由，而是确有苦衷。

真诚地说出你拒绝的理由是非常必要的，它有助于你们维持原有的友好关系。

6. 提出替代的办法

当你拒绝别人时，肯定会影响他计划的正常进行，甚至使他的计划搁浅。如果你能给他提供一些建设性的意见，则能减轻对方的挫折感和对你的不满心理。

7. 对事不对人

你要想方设法地让对方知道你拒绝的是他的请求，而不是他这个人。

总而言之，成功地拒绝别人的请求不仅可以节省自己的时间和精力，还可以免除由不情愿行为所带来的心理压力。但前提是，拒绝时必须不损害对方的利益。

知己知彼，理由才能更充分

要想说出让对方心服口服的理由，要先了解对方，根据对方的脾性说出合理的能让对方接受的理由。

什么样的理由才能够让对方欣然接受呢？如果你对对方不够了解的话，显然很难说出充分理由。

应先了解对方的一些经历及生活状况。思维方式不同，人的观念也不同，因此，要了解他的人生观、价值观。

必须注意对方的心境。在交谈当中，如果不顾对方的心理变化，而一味地将想法统统搬出来，那么，你是得不到对方的认同的。一厢情愿的谈话往往会让对方厌恶。

不该说话的时候说了，则犯了急躁的毛病；该说话的时候没有说，就会失掉说话的时机。不看对方的态度便贸然开口，叫作"闭着眼睛说瞎话"。在交谈过程中应兼顾对方的心理活动，使谈话内容和听者的心境变化同步，这样才能引起共鸣。

性格外向的人易喜形于色，可以和他侃侃而谈；性格内向的人多半沉默寡言，与其交往时则应语言委婉、循循善诱。

通过暗示，善于说"不"

很多时候，我们不得不拒绝别人，但是怎样将这个难说的"不"说出口呢？幽默性的暗示，是一种不错的选择。

美国出版家赫斯脱在旧金山办第一张报纸时，著名漫画大师纳斯特为该报创作了一幅漫画，内容是唤起公众来迫使电车公司在电车前面装上保险栏杆，防止意外伤人。然而，纳斯特的这幅漫画完全是失败之作，发表这幅漫画，有损报纸质量，但不刊登这幅画，怎么向纳斯特开口呢？

当天晚上，赫斯脱邀请纳斯特共进晚餐，先对这幅漫画大加赞赏，然后一边喝酒，一边不停地自言自语："唉，这里的电车已经伤了好多孩子，多可怜的孩子，这些电车，这些司机简直不像话……这些司机真像魔鬼，瞪着大眼睛，专门搜索着在街上玩的孩子，一见到孩子们就不顾一切地冲上去……"听到这里，纳斯特从座椅上弹跳起来，大声喊道："我的上帝，赫斯脱先生，这才是一幅出色的漫画，我原来寄给你的那幅漫画，请扔入纸篓。"随后两人在笑声中完满结束了愉快的晚餐。

赫斯脱就是通过自言自语的方式，幽默性地暗示纳斯特的漫画不能发表，让纳斯特欣然地接受了意见。

另外，通过身体动作也可以把自己拒绝的意图传递给对方。当一个人想拒绝对方继续交谈时，可以机灵、幽默地做转动脖子、用手帕拭眼睛、按太阳穴以及按眉毛下部等漫不经心的小动作。

这些动作意味着一种信号：我较为疲劳、身体不适，希望早一点停止谈话。显然，这是一种暗示拒绝的方法。此外，微笑的中断、较长时间的沉默、目光旁视等也可表示对谈话不感兴趣、内心为难等心理。

一天，为了配合下午的访问行程，小王想把甲公司的访问在中午以前结束，然后依计划，下午第一个目标要到乙公司拜访。但是，甲公司的科长提出了邀请："你看到中午了，一起吃中饭吧？"

小王与甲公司这位科长平常交情不错，又是非常重要的客户。不能轻易地拒绝。但是，和这位爱聊天的科长一起吃中饭，最快也要磨蹭到下午一点才能走。小王怎样才能不伤和气地拒绝呢？

答案就是在对方表示"要不要一起吃饭"之前，小王就不经意地用身体语言表示出匆忙的样子，可以自然地抬起手看看手表，幽默地解释道："多希望手表上的时间是归我所有啊，否则也就能够分身了。"

巧妙地学会用暗示的方法拒绝别人，让对方明白你在说"不"，不仅能把事情办妥，而且不伤和气。

抬出"后台老板"

"不"字很难说出口，因此我们总是想方设法避免将这个"不"字说出口，取而代之的是许多费尽心机想出来的婉言曲说方式。其实很多时候也不用这么复杂，只需要抬出一个"后台老板"，将责任归之于他，你便可以轻松说出"不"了。

一家公司的经理对一家工厂的车间顾问说："我们两家搞联营，你看怎么样？"顾问回答说："这个设想很不错，可是厂长已经决定跟先前一家工厂搞联营了，这个我也没有办法。"

注意了，拒绝不是顾问的意思，问题已经全部归结到厂长那里了，厂长的决定，谁也改变不了，事情就这么简单。

抬出"后台老板"，就是以别人的身份表示拒绝。这种方法看似推卸责任，但却很容易被人理解：既然爱莫能助，也就不便勉强。

有个女孩是个集邮爱好者，她的几个好朋友也是集邮迷。一天，有个朋友向她提出要换邮票，她不同意换，但又怕朋友不高兴，便对朋友说："我也非常喜欢你的邮票，但我妈不同意我换。"其实她妈妈从没干涉过她换邮票的事，她只不过是以此为借口，但朋友听她这么一说，也就作罢了。

有时为了拒绝别人，可以含糊其词地推脱："对不起，这件事情我实在不能决定，我必须问问我的父母。"或者是："让我和孩子商量商量，决定了再答复你吧。"

一位和善的主妇说，巧妙拒绝的艺术使她一次又一次地获得了宁静。每当推销员找上门来，她便彬彬有礼但却态度坚决地说："我丈夫不让我在家门口买任何东西。"这样，推销员会因为被拒绝的并不仅仅是自己一个人而心理上得到了一点儿平衡，减少了被拒绝的不快。

人处在一个大的社会背景中，互相制约的因素很多，为什么不选择一个盾牌来挡一挡呢？例如，有人求你办事，假如你是领导成员之一，你可以说，我们单位是集体领导，像刚才的事，需要大家讨论才能决定。不过，这件事恐怕很难通过，最好还是别抱什么希望。如果你实在要坚持的话，待大家讨论后再说，我个人说了不算数。这就是推脱之词，把矛盾引向了另外的地方，意思是我不是不给你办，而是我决定不了。求人办事者听到这样的话一般都要打退堂鼓。

一个年轻的物资销售员经常与客户在酒桌上打交道，他觉得自己的身体每况愈下，已不能再像以前那样喝太多的酒了，可应酬中又是免不了要喝酒的，怎么办呢？后来他想到一个妙计。每当客户劝他多喝点儿的时候，他便诙谐地说："诸位仁兄还不知道吧，我家里那位可是一个母老虎，我这么酒气熏天地回去，万一她河东狮吼，我还不得跪搓衣板啊？"

他这么一说，客户觉得他既诚恳又可爱，自然就不再多劝了。

每个人在必要时都可以抬出甚至虚构出一个"后台老板"，把自己的意愿通过这位"后台老板"表达出来，适当放低自己的位置，便能直言拒绝。这样拒绝的效果较好，而且不会得罪人，即使得罪，责任也到了"后台老板"那里了。

逻辑拒绝，巧踢回传球

在交际过程中，当自己处于不利态势，为了寻找转机，加强自己的立场，也需要找借口拒绝对方。这时，如果你能灵活机智地用对方的话来拒绝对方，就能使对方不再坚持，从而达到自己拒绝对方的目的。这就是运用逻辑幽默进行拒绝的巧妙方法。

有一次，萧伯纳的脊椎骨出了毛病，就去医院做手术。手术做完后，医生想多捞一点手术费，便说：

"萧伯纳先生，这是我们从来没有做过的新手术啊！"

萧伯纳当然听出了医生的言外之意，想向病人收取额外的手术费，萧伯纳不愿意再给医生"红包"，但又不便明确拒绝，便装傻卖愚地顺着另一层意思说下去：

"这好极了！请问你们打算支付我多少试验费呢？"

医生顿时窘住了，只好讪讪离开。

萧伯纳的逻辑是：既然你要强调这是从来没有做过的新手术，那我的身体便变成试验品了！萧伯纳合理地从对方的话里引出了一个合乎逻辑的相反结论，巧踢"回传球"，让对方哑巴吃黄连——有苦说不出。萧伯纳正是在拒绝中绝妙地应用到了幽默的逻辑。

有很多的问题，我们还可以巧妙地把对方设置在同样的情景，以此来引诱对方做出他的判断，从而让对方明白自己的处境或意思，巧妙地拒绝对方的要求。

小李从一个朋友那里借了一架照相机，他一边走一边摆弄着，这时刚好小赵迎面走来了。他知道小赵有个毛病：见了熟人有好玩的东西，非得借去玩几天不可。这次看见了他手中的照相机又非借不可了。

尽管小李百般说明情况，小赵依然不肯放过。

小李灵机一动，故作姿态地说："好吧，我可以借给你，不过我要你不要借给别人，你做得到吗？"

小赵一听，正合自己的意思。他连忙说："当然，当然。我一定做到。"

"绝不失信？"小李还追加一句说。

"绝不失信，失信还能叫作人？"

小李斩钉截铁地说："我也不能失信，因为我也答应过别人，这个照相机绝不外借。"

听到这儿，小赵也是目瞪口呆了，这件事也只有这样算了。

通过设问，抛砖引玉，以对方的回答来作为拒绝的依据，使对方就此作罢。因为人不可以出尔反尔，自我推翻。小李幽默的逻辑思维加上机智的口才辩解，让自己的拒绝变得无可反驳。

在寻求拒绝的技巧过程中，要知道，拒绝对方的最有力武器，往往是对方自身。我们应该懂得引导对方的谈话，从对方口中拿到自己拒绝对方的理由。

幽默拒绝，化解尴尬

有一位"妻管严"，被老婆命令周末大扫除。正好几个同事约他去钓鱼，他只好回答："其实我是个钓鱼迷，很想去的。可成家以后，周末几乎被没收了。"同事们哈哈大笑，也就不再勉强他了。

用幽默的方式拒绝别人，有时可以故作神秘、深沉，然后突然点破，让对方在毫无准备的大笑中失望。

有时候，拒绝的话不便开口，如果用幽默的方式表达出来，也就在起到拒绝目的的同时，让别人很愉快地接受了。

洛克菲勒一生中至少赚了10亿美元。但他深知过多的财富会给子孙带来麻烦，所以一生中捐出的金钱竟高达7.5亿美元。

然而，在捐钱之前，他都一定要搞清款项的用途，从不随便乱捐。

一天，洛克菲勒在下班的途中被一个懒人拦住，向他诉说自己的不幸，然后恭维他说："洛克菲勒先生，我从20里外步行到这里找您，路上碰到的每一个人都说你是纽约最慷慨的大人物。"

洛克菲勒知道拦路人是在向他讨钱，可他非常不喜欢这种捐款方式，但又不愿意使对方太难堪。怎么办呢？洛克菲勒想了一下，便对这个懒人说："请问，过一会儿你是否还要按原路回去？"

懒人立即回答："是的。"

洛克菲勒就对懒人说："那再好不过了，请您帮我一个忙，告诉刚刚碰到的每个人，他们说的都是谣传。"

听到洛克菲勒这样的拒绝，几乎每个人都有笑的冲动，因为洛克菲勒太过玄妙地将自己的拒绝用幽默的方式表达了出来。甚至我们都能够想象得出，当懒人听到这句话的尴尬反应。

洛克菲勒虽然没有说出一个"不"字，但却给予了懒人最肯定的拒绝。

事实上，对于任何人来说，拒绝别人的话总是不好出口的，但拒绝的话经常又不得不出口。这时不妨用幽默方式说出拒绝的话，把对方遭到拒绝时的不愉快感擦掉。

先承后转避直接

有时对方提出的要求有一定的合理性，但因条件的限制又无法予以满足。在这种情况下，拒绝的言辞可采用"先肯定后否定"的形式，使其精神上得到一些满足，以减少因拒绝而产生的不快和失望。

例如，一家公司的经理对一家工厂的厂长说："我们两家搞联营，你看怎么样？"

厂长回答："这个设想很不错，只是目前条件还不成熟。"这样既拒绝了对方，又给自己留了后路。

对对方的请求最好避免一开口就说"不行"，而是要表示理解、同情，然后再据实陈述无法接受的理由，获得对方的理解，使其自动放弃请求。

李刚和王静是大学同学，李刚这几年做生意虽说挣了些钱，但也有不少的外债。

两人毕业后一直无来往，忽一日王静向李刚提出借钱的请求，李刚很犯难——借吧，怕担风险；不借吧，同学一场，又不好拒绝。思忖再三，最后李刚说："你在困难时找到我，是信任我，瞧得起我，但不巧的是我刚刚买了房子，手头一时没有积蓄，你先等几天，等我过几天把账结回来，一定借给你。"

先扬后抑这种方法也可以说成是先承后转，这也是一种力求避免正面表述，而采用间接方式拒绝他人的方法。

先用肯定的口气去赞赏别人的一些想法和要求，然后再来表达你拒绝的原因，这样就不会直接伤害对方的感情和积极性了，而且还能够使对方更容易接受你，同时也为自己留下一条退路。

一般来说，你还可以采用下面的话来表达你的意见："这真的是一个好主意，只可惜由于……我们不能马上采用它，等情况好了再说吧。""这个主意太好了，但是从眼下的这些条件来看，我们必须要放弃它，我想我们以后肯定是能够用到它的。""我知道你是一个体谅朋友的人，你如果对我不十分信任，认为我没有能力做好这件事，那么你是不会找我的，但是我实在忙不过来了，下次如果有什么事情我一定会尽我的全力来支持你。"

有的时候对方可能会因为急于成事而相求，但是你确实又没有时间，没有办法帮助他，这种时候一定要考虑到对方的实际情况和他当时的心情，一定要避免使对方恼羞成怒，以免造成误会。

拒绝还可以先从感情上表示同情，然后再表明无能为力。

黄女士在民航售票处担任售票工作，由于经济的发展，乘坐飞机的旅客与日俱增，黄女士时常要拒绝很多旅客的订票要求。黄女士总是带着非常同情的心情对旅客说："我知道你们非常需要坐飞机，从感情上说我也十分愿意为你们效劳，让你们如愿以偿，但票已订完了，实在无能为力。欢迎你们下次选择我们的航班。"黄女士的一番话，叫旅客再也提不出意见来。

不失礼节地拒绝他人的不当请求

老周在法院工作，他好朋友的亲戚犯了法，正好由他审理，好朋友的亲戚托好朋友请老周吃饭，并且给老周包了一万元的红包，要老周网开一面，从轻发落。

如果老周接受了钱，那么就是知法犯法，到时弄不好会给自己招惹不必要的麻烦。而如果不接受，又可能伤了朋友之情，并让对方在亲戚面前脸面无光。老周左右为难，不知如何是好。

与人相处，人们经常会遇到老周这样的情况，即面对爱人、亲人、好友等亲密之人的请求，比如借钱、帮忙做某事等等。许多时候，我们并不愿意答应这些请求，却又不好意思说"不"，就会使自己陷入十分为难的境地。

如果违心地答应下来，是为自己添烦恼；如果假装答应却不做，又失信于人。

一般来说，尽可能地帮助自己的亲密之人，这是人之常情。但是，面对亲密之人的不当要求，我们一定要坚持自己的原则。特别是当他们的要求有违国家法律法规、社会公共道德或家庭伦理时，我们更应坚守自己的原则立场，毫不留情地予以拒绝，还应帮助对方改变那些错误思想和行为。

拒绝亲密之人的不当要求是一门学问，是一项应变的艺术。要想在拒绝时既消除了自己的尴尬，又让对方有台阶可下，这就需要掌握一些巧妙的拒绝方法，比如：

1. 巧用反弹

别人以什么样的理由向你提出要求，你就用什么样的理由拒绝，这就是巧用反弹的方法。

在《帕尔斯警长》这部电视剧中，帕尔斯警长的妻子出于对帕尔斯的前程和人身安全考虑，企图说服帕尔斯中止调查一位大人物虐杀自己妻子的案子。最后她说："帕尔斯，请听我这个做妻子的一次吧。"

他却回答说："是的，这话很有道理，尤其是我的妻子这样劝我，我更应该慎重考虑。可是你不要忘记了这个坏蛋亲手杀死了他的妻子！"

2. 敷衍拒绝

敷衍式的拒绝是最常用的一种拒绝方法，敷衍是在不便明言回绝的情况下，含糊回绝请托人。拒绝亲密之人的不当要求也可采用这一方法。

运用这种方法时，也需对方有比较强的领悟能力，否则难以见效。具体采用这种方法时，我们可以运用推托其词、答非所问、含糊拒绝等具体方式。

3. 巧妙转移

面对别人的要求，不好正面拒绝时，可以采取迂回的战术，转移话题也好，另有理由也好，主要是善于利用语气的转折——绝不会答应，但也不致撕破脸。比如，先向对方表示同情，或给予赞美，然后再提出理由，加以拒绝。由于先前对方在心理上已因为你的同情而对你产生好感，所以对于你的拒绝也能以"可以谅解"的态度接受。

总之，面对亲密之人提出的不当要求时，切忌直接拒绝。尽量使用间接拒绝的方法。从对方的立场出发，阐明自己的观点，就会使对方自然而然地接受了。

此外，拒绝别人时，也要有礼貌。

任何人都不愿被拒绝，因为被别人拒绝，会使人感到失望和痛苦。当对方向自己提出不合理要求时，你可能感到气愤，甚至根本无法忍受，但你也要沉住气，千万不可大发雷霆、出言不逊、恶语伤人。在拒绝对方时，更要表现出你的歉意，多给对方以安慰，多说几个"对不起""请原谅""不好意思""您别生气"之类的话。

由于你的态度十分有礼貌，即使对方想无理取闹，也说不出什么，这样别人也会觉得你是一个彬彬有礼的人而愿意与你亲近。

第二章

诙谐说"不"——风趣中保全双方情面

巧言妙语，智慧拒绝

自尊之心，是每一个人都具有的。因此在拒绝别人时，要顾及对方的尊严。

如果能在拒绝他人的过程中将对方逗笑，那对方的难堪一定能减到最低程度，甚至让人在笑声中忘掉被拒绝带来的不快。因此，拒绝他人，不妨采取幽默拒绝的技巧，这样，就可以把拒绝带来的遗憾最小化，既不伤害对方的自尊与感情，又得到了对方的谅解和支持。

雨果成名后，一张张请帖雪片似的飞来，怎么办？直接拒绝显得没有礼貌，于是他想出了个好办法：拿起剪刀，咔嚓咔嚓，把自己的半边头发和胡子剪掉。当有人敲门进来说"请您参加……"时，雨果笑嘻嘻地指着自己的头发和胡子说："哟，我的头发真不雅观，真遗憾！"邀请者只好悻悻而走，却又因此情此景而大大消除了被谢绝引起的不悦。当雨果的头发胡子长齐后，又一部巨著问世了。

即使是同样性质的谢绝，大家也没必要东施效颦地去学雨果剃"阴阳头"的做法。然而，故事给我们的启迪在于：任何拒绝，一般都不会令人愉快，为此，我们就要想方设法使用幽默诙谐的手法，将对方这种不悦心情降低到最小。

有一次，林肯受邀在某个报纸编辑大会上发言，林肯觉得自己不是编辑，却出席这次会议，很不相称。所以，想拒绝出席。他是怎样做的呢？

他给大家讲了一个小故事："有一次，我在森林中遇到了一个骑马的妇女，我停下来让路，可是她也停了下来，目不转睛地盯着我的脸看了很长时间。她说：'我现在才相信你是我见到过的最丑的人。'我说：'你大概讲对了，但是我又有什么办法呢？'她说：'当然你生就这副丑相是没有办法改变的，但你还是可以待在家里不要出来嘛。'"大家为林肯的幽默哑然失笑了。

林肯借妇女之口，把自己奚落了一番，当然，故事中的妇女很可能不存在，只是林肯的编造之词，然而"她"却很好地表达了林肯不想参加报纸编辑大会的意思，让人在开怀一笑中忘却了被拒绝的尴尬。

诙谐言语，婉言拒绝

凡有大成就者，向来都是舌吐方圆的专家，他们不仅专长于自己的一份事业，而且在待人接物上有着独到的迂回之术，他们能够在让人发笑的过程中不知不觉加入自己的观点。

有些情况下直接发表自己的见解不太合适，容易让人误解或不愉快，婉言曲说是很好的方法，而且这种婉言曲说不同于修辞格里的委婉修辞方法，它是形成幽默的一种语言艺术。

婉言拒绝的幽默方法主要有下面几种：

1. 一语双关的委婉拒绝法

一语双关是幽默技法中很常用的一种说话方式，无论是在化解尴尬、缓和气氛，还是在对他人的拒绝中，都能够起到扭转乾坤的作用。其中，一语双关的说话方法，可以让拒绝变得钝感且有力。

王麻子是个极爱占小便宜的人，常常在别人家白吃白喝，吃完了上顿等下顿，住了两天住三天。一次，他在一朋友家里吃了三天后，问主人道："今天弄什么好吃的呀？"

主人想了想，说："今天我们弄麻雀肉吃吧！"

"哪来那么多麻雀肉呢？"

主人说："先撒些稻谷在晒场上，趁麻雀来吃时，就用牛拉上石磨一碾，不就得了吗？"

这个爱占便宜的人连连摇手说："这个办法不行，还不等石磨过来，麻雀早就飞跑了。"

主人一语双关地说："麻雀是占惯了便宜的，只要有了好吃的，怎么碾（撵）也碾（撵）不走。"

聪明的主人在这里通过委婉的一语双关法，巧妙地借助麻雀贪吃的习性讽刺了王麻子的品行。虽表面上在说麻雀，实质上是在委婉地向王麻子下逐客令。

2.婉言曲说的幽默法

现在我们谈论的"婉言曲说"的幽默法，可以说是"婉曲"的变格，它是说话人故意把所要表达的意思绕个圈子曲折地说出来，利用婉言来获得幽默的效果。

克诺先生来到一个陌生的城市，走进一家小旅馆，他想在那儿过夜。

"一个单间带供应早餐要多少钱？"他问旅馆老板。

"不同房间有不同的价格，二楼房间 15 马克一天，三楼房间 12 马克一天，四楼 10 马克，五楼只要 7 马克。"

克诺先生考虑了几分钟，然后提起箱子就走。

"您觉得价格太高了吗？"老板问。

"不，"克诺回答，"是您的房子还不够高。"

从克诺先生的表达中明显看得出克诺对房间的价格并不满意，一句"还不够高"既指出了房子按照高度定价的荒谬，又表示了自己不会接受的看法，幽默且含义深刻。

一般说来，幽默应避免敌意和冲突，否则，幽默就会被减弱或者消亡。从这个意义上讲，婉言曲说最适合构成幽默。

一个法国出版商想得到著名作家的赞扬，借以抬高自己的身价。他想，要得到一个大人物的好感，必须先赞扬他。

这天，他去拜访一位知名作家。他看到作家的书桌上正摊着一篇评论巴尔扎克小说的文章，便说："啊，先生，您又在评论巴尔扎克了。的确，多少年来，真正懂得巴尔扎克作品的人太少了，算来算去，也只有两个。"

作家一听就明白了出版商的意图，便让他继续说下去。"这两个人，其中一个是您了。可是还有一个呢？您说，他应当是谁？"

作家说："那当然是巴尔扎克自己了。"

出版商顿时像泄了气的气球，悻悻地走了。

出版商想求得知名作家的赞扬，于是登门拜访。作家呢，不好直接拒绝，就来了个婉言曲说。出版商把世间懂巴尔扎克作品的人确定为两个，一个，他自然要送给作家了；另一个，他是给自己预备的。但自己说出来，那太没涵养，况且自己认可的东西并不一定能得到作家的赞同，还是启发作家说出来吧。由此，出版商一直沿着自己的设计和思路，准备着一种情感——他期待着作家的赞扬，让作家指出他是懂巴尔扎克作品的人。

作家并不回绝对方的话，因为那太令人扫兴了。但是他有意漠视对方的"话外音"，一句答话，让对方的期待落空，作家回答的是，另一个懂巴尔扎克的人是巴尔扎克自己。于是对方没戏唱了，只好退场。

巧妙拒绝，让他知难而退

约会是男女开始真正意义上的恋爱的标志，所以，接受别人的约会请求也意味着接受别人的求爱。对于不愿意接受的示爱者，我们首先应该拒绝与其约会，不能因为一时心软而使对方误会，导致真正明确两人关系时牵扯不清，给对方造成更大的伤害。拒绝约会应该有"快刀斩乱麻"的魄力，因为这不仅仅代表对一次约会的推搪，而且暗示着自己对对方的爱情的谢绝，这就要求我们一方面要把握说话的分寸，不伤害对方的感情，另一方面要表明心意，断绝对方再次邀请的念头。

找各种各样的幽默借口来推搪约会，使对方体会到拒绝之意。

上课、加班、身体欠安、天气不好……这些都可以成为拒绝约会的好借口。在搬出这些借口的同时，可以有意地露出破绽，让对方从借口的不严密性中明白是在有意敷衍。此外，也可以以幽默的方式暗示自己确实不愿意与对方交往。总之，借口不能找得太严密、太合乎情理，不要让对方误认为是客观原因导致不能赴约，从而把约会的时间推至以后，令自己再次处于被动局面。

曾经，有一位热情的小伙子向一位美丽的姑娘表达了自己的爱慕之情，但是这位姑娘并不喜欢这位小伙子。

在小伙子真情告白完之后，姑娘问道："你真的很喜欢我吗？"

小伙子说："当然了，我保证自己是真的喜欢你，我对天发誓……"

姑娘问："那你有什么证据可以证明你爱我呢？"

小伙子热切地说："我的心，我这颗真诚的心可以证明。"

姑娘笑笑，说道："呵呵，真的很对不起，你是唯'心'主义者，而我是典型的唯'物'主义者啊。唯心主义者和唯物主义者怎么能够在一起呢？"

姑娘明明知道小伙子说的"真诚的心"是和哲学名词不同的，但是姑娘机智地将小伙子的那颗"真诚的心"说成了是唯心主义，然后通过自己的唯物主义思想立场，将拒绝巧妙委婉、幽默地表达了出来。

　　在这则恋爱拒绝案例中，我们可以发现拒绝的言谈在一种因素的加入下会更容易让人接纳，那就是幽默。无论是义正词严的拒绝还是委婉的拒绝，拒绝者都是巧妙地从对方的话语里找到拒绝的理由来源。拒绝者的聪明之处就在于这里，即使我拒绝了你，那也是因为你的表现不够充分。

　　能够得到别人的爱是一种魅力，能够巧妙地拒绝一份自己不情愿的爱更是一种魅力。在拒绝时，如果加入幽默的推辞，就会使自己的拒绝更容易被对方接受。

第三章

说"不"的能力——让难说的话变轻松

师出有名，给你做的每件事一个说法

很多时候，我们需要为自己所做的事找一个借口，这样，我们所做的事才更容易得到别人的认同。

做任何事情都要有正当的理由，至少是表面上的。古往今来，凡是成大事的人，都懂得为自己做的事找一个能够为人所接受的借口。

人与人交往，我们有时难免要借助善意的借口、美丽的谎言，因为它是关心对方、理解对方的一种表示，对人际关系的和谐大有裨益。如果我们懂得运用这种真诚和善意来处理相互间的关系，我们与他人的交往便更具艺术性。

在戴尔·卡耐基的《人性的弱点》一书中，有这样一个例子：

一个妇女应老师的要求，回到家中请她的丈夫给自己列出 6 项缺点。本来，她丈夫可以给她列举出许多缺点，但是，他却没有这样做。而是借口说自己一时还很难想清楚，等次日想好后再告诉她。第二天，他一起床，便给花店打了一个电话，要求给他家送来6朵玫瑰花，并附了一张字条："我想不出有哪6项缺点，我就喜欢你现在的样子。"结果，他妻子不仅非常感激他那善意的宽容，而且自觉、自愿地改正了以前的缺点。

日常交往中，我们每个人都在有意、无意地用着这样或那样的借口。比如，朋友来家做客，不小心打碎了茶杯，这时，你马上会说："不要紧，你才打了一只，我爱人曾经打碎了三只。相比起来，你的战绩平平。"这种幽默的借口，既打破了尴尬的局面，也避免了对方陷入难堪的境地。可见，在日常生活中，要处理好人与人之间的关系，做到善解人意、与人为善，有时就需要寻找合适的借口，因为这种善意的借口既能满足对方的自尊心，维护对方的颜面，又可以让自己摆脱不必要的尴尬和难堪。

先发制人，堵住对方的嘴

当别人向你提出邀请或其他请求时，总是希望能够被顺利接受。一旦话说出来，你再直接拒绝，会使对方误解你"不给面子"，因而对你产生不满情绪。

面对这一情形，以守为攻、先发制人是拒绝别人的一个上策。在对方尚未张口前已猜到对方的意思时，你先表达自己在这方面有所不便，以堵住对方之口。因为对方并未明说他的意愿，所以这种拒绝不致双方难堪或尴尬。

请看下面一则事例：

小张负责某项目的招投标工作，他的一位朋友来到他家，也有意参加相关工程投标。

小张明知其意，于是灵机一动，在朋友刚一进家门还来不及开口时，就立刻说："你看，你好不容易来玩一玩，我都没有空陪你，最近实在太忙了，连吃饭的时间都抽不出。"对方一听这话，赶紧搪塞几句，再也不好意思开口相请。

由此看来，运用先发制人这一招，重在掌握"先"机，自己已经深知对方将要说的话或事情，就应抢先开口，把对方的意思提前封锁在开口之前。这样就能牢牢掌握在与人交际中的主动权，达到巧妙拒绝对方的目的。

再比如接到一个经常找你帮忙的朋友的电话，如果他一开口便问你："最近忙不忙？"如果此时回答"不忙"或"还好"，那么他的下一句自然就会转到正题上来。于是此时你可以这样回答："忙啊！最近忙得连休息的时间都没有了，每天加班到凌晨，快累垮了。"

听你这么一说，对方自然清楚你是帮不上忙了。而且因为你采取的是提前声明的方法，所以根本不存在拒绝一说，对自己、对对方来说，都不会存在面子过不去的问题。

总之，当你无法满足别人的请求，而又不能或无须找任何借口时，就用"先发制人"的方式，堵住对方说出请你帮忙的话，这样一来，你也就不用为如何拒绝而苦恼了。

在拒绝他人之前，先为自己想好借口

拒绝容易引起对方的不快，但是对于别人对我们提出的要求，有时我们必须加以拒绝。那么，怎样才能把这种因拒绝而可能引起的不快控制在最低限度之内呢？这就需要我们在拒绝别人的时候，先为自己想好借口，既能为自己开脱，也不会让别人难堪。

正阳在一家电器商场工作。这天，他的一位朋友过来买电视机。可是，朋友看遍了店里摆放的所有样品，也没有找到满意的型号。最后，朋友要求正阳带他到仓库里去找找看。正阳面对朋友，当然说不出拒绝的话，这个"不"字如何也出不了口。

于是，他笑着对朋友说："真是不巧，临近年关，仓库管理非常严格，前几天我们经理刚宣布过，除了仓库管理人员，其他人一律不准进仓库，包括我们这些销售员。"朋友一听，也不好意思再说什么了。

在这个故事里，正阳以经理的宣布为借口而达到了拒绝的目的，尽管他的朋友心中不高兴，但毕竟比直接听到"不行"的回答要好多了。

拒绝是每个人生活中无法避免的，但如果拒绝不采用合适的方法或相应的技巧，就可能会给对方造成伤害，甚至引发怨恨和不满，最终导致人际关系破裂，让自己陷入被动的麻烦境地中。就算没有闹到很严重的地步，也可能因拒绝而使对方不愉快，长时间耿耿于怀，难以忘记。

其实，你在拒绝他人之前，可以找一个适当的借口。这样既可以成功拒绝对方，又可以避免双方的尴尬。

拒绝要选择适当的时机和场合

现实生活中，如果是朋友请你帮忙，你在拒绝时，除了要有充分的理由之外，还必须注意拒绝的时机和场合。从时机来说，拒绝要趁早，切忌一味拖延。

小姗逛街时，偶遇一位大姐，对方是小姗从前的邻居，大姐拉着小姗的手问长问短，然后像发现了新大陆似的，指着她的脸说："年纪轻轻的，可不能光为了赚钱，忽略了对皮肤的保养。看你啊，眼角都有皱纹了，皮肤也没有光泽……"

大姐的一番话，让小姗感觉脸上火烧火燎的，恨不能一头扎进美容院，来个脱胎换骨。这时，大姐变魔术似的拿出一沓资料，笑眯眯地说："不如试试这个产品，效果特别好，现在搞活动，价格也优惠不少呢！"

再看看递过来的名片，小姗明白过来，原来这位大姐在搞化妆品推销。小姗本来对这些东西没兴趣，但碍于老邻居的面子，只好接过来，说要拿回去好好看看。

回到家，小姗把资料扔到一边，根本没放在心上。不料，第二天，这位大姐竟拿着两张碟片来到小姗的公司，小姗只好硬着头皮接下来。又过了几天，大姐再次打来电话问："怎么样，选好了吗？"

说实话，小姗根本没时间看碟片，花几千元买套化妆品，她的经济实力也负担不起。后来，她挨不过大姐的催促，只好说："不好意思，我决定暂时不买。"结果这位大姐第二天就一脸阴沉地过来把碟片拿走了，好像小姗欠了她一大笔钱似的。

通常而言，拒绝的时间，一般是早拒比晚拒好，因为及早拒绝，可以让对方抓住时机争取别的出路。无目的的拖拉，则是一种不负责任的态度。

小姗在这件事上考虑到面子，没有及时拒绝，但后来却影响了自己与老邻居的关系。所以，在向熟人表示拒绝时一定要趁早。一味拖延，反而使事情更糟，对方觉得你连最基本的礼节都不懂。

很多人在拒绝对方的时候，因为感到不好意思，而不便据实言明，支支吾吾，这样会使对方摸不清自己的真正意思，而产生许多不必要的误会。其实，在人际关系的交往上，不得不拒绝，是常有的事情，因此搞坏交情的并不多；倒是有些人说话语意暧昧、模棱两可，容易引起对方误会，甚至导致关系破裂。

当然，不管你怎样"委婉"地及早拒绝，对方遭到拒绝总归是不愉快的。怎样才能使对方的这种不愉快减少到最低限度，或者反而使双方的关系更进一步呢？这就要求你的态度要诚恳，不要在公共场合当着其他人的面拒绝人。

拒绝他人的时候，一定要考虑周全，让对方不过于难堪。切不可不管不顾，在众人面前直接拒绝对方的好意，这样会使对方伤得很深。尤其是拒绝熟人时，从时间来说最好趁早，从场合上来说，最好没有第三人在场，这样可以顾及被拒绝人的颜面和自尊，将伤害降到最低。

比林定律：该说"不"时，不要犹豫

生活中，常常听人说：平生最怕的事情就是拒绝别人。这可能是大多数人的普遍心理。的确，很多人，包括一些处世高手，在如何拒绝他人这件事上，都是很费脑筋的。往往是出于爱面子和怕得罪人的心理，在别人提出一些要求或者请求帮助的时候，即使自己很忙，或者力有不逮，也往往要勉为其难，那个"不"字就是说不出口。

美国作家比林认为，"人在一生中所遇到的麻烦，有一半是由于太快说'是'，太慢说'不'造成的"。这就是著名的比林定律。正因如此，人们常常使自己陷入"不得不"或者"被逼无奈"的窘境，而且不懂拒绝还会打乱自己的计划和安排，使自己的工作与生活陷入被动。

长此以往，正常的人际交往与互动都会沦为一种负累，又怎有快乐可言呢？

因此在与人交往中，要懂得发言的艺术，考虑问题不能急躁，也不能怠慢。觉得自己无法做到的事情，就要明确而快速地告诉对方，以免给自己造成不必要的麻烦。

比林定律告诉我们：学会在恰当的时机，选择恰当的方式表达拒绝，我们的人生会轻松很多。

陈涛夫妻俩下岗后，自谋职业，利用政府的优惠贷款开了一家日用品商店，两人起早贪黑把这个商店办得红红火火，收入颇丰，生活自然有了起色。

陈涛的舅舅是个游手好闲的赌棍，经常把钱扔在麻将桌上。这段时间，他手气不好又输了，他不服气，还想赢回本钱，又苦于没钱了，就把眼睛瞄准了外甥的店铺，打定了主意。

一日，舅舅来到了店里对陈涛说："我最近想买辆摩托车，手头尚缺五千块钱，想在你这儿借点周转，过段时间就还。"

陈涛了解舅舅的嗜好，借给他钱，无疑是肉包子打狗，何况店里钱也紧，就敷衍着说："好！再过一段时间，等我有钱把银行到期的贷款支付了，银行的钱可是拖不起的。"

舅舅听外甥这么说，没有办法，知趣地走了。

陈涛不说不借，也不说马上就借，而是说过一段时间，等支付银行贷款后再借。

这话有多层意思：一是目前没有，现在不能借；二是我也不富有；三是过一段时间不是确指，到时借不借再说。舅舅听后已经很明白了，但他并不心生怨恨，因为陈涛并没有说不借给他，只是过一段时间再说而已，给了他希望。

因此，处理事情时，巧妙地一带而过比正面拒绝有效，且不伤和气。

一般人都不太好意思拒绝别人，但在很多情况下，我们为了避免多余的困扰，对一些不合理或不合自己心意的事有必要拒绝，但怎样既不伤害对方自尊心又能达到拒绝的目的呢？

当对方提出请求后，不必当场拒绝，你可以说："让我再考虑一下，明天答复你。"这样，既使你赢得了考虑如何答复的时间，也会使对方认为你是很认真对待这个请求的。

某单位一名职工找到领导要求调换工种。领导心里明白调不了，但他没有马上回答说"不可能"。而是说："这个问题涉及好几个人，我个人决定不了。我把你的要求报上去，让厂部讨论一下，过几天答复你，好吗？"

这样回答可让对方明白：调工种不是件简单的事，存在着两种可能，使对方有思想准备，这比当场回绝效果要好得多。不仅给人留了面子，也使自己摆脱了尴尬的境地。可以说是一举两得。

某位作家接到老朋友打来的电话，邀请他到某大学演讲，作家如此答复："我非常高兴你能想到我，我将查看一下我的日程安排，之后回电话给你。"

这样，即使作家表示不能到场，他也有了充裕时间去化解某些可能的内疚感，并使对方轻松、自在地接受。

仔细回想一下，生活和工作中遭遇到的种种挫折与不如意，有多少是因为碍于情面，过于草率地答应了他人的要求，事后却发现自己力不能逮而造成的呢？那么，怎样才能让自己轻松地说出那个重要的"不"字来呢？

1. 每个人都有说"不"的权利

说"不"是一种艺术，更是一种权利。我们要多给自己一些积极的暗示，比如"我有权利拒绝他人"。在人际交往中，每个人都可以用社会能接受的方式表达个人的权利和情感，维护自己的合理要求与斤斤计较是不能画等号的。

2.拒绝要婉转

在拒绝别人时要讲究技巧，委婉表达自己的意愿。向对方阐明自己的难处或能力所限并根据对方的情况给出一个合适的建议，即使没有直接帮忙，却一样为他解决了问题。

拒绝的艺术，如同生活中的调味品，有意修炼，你就能酿造出五彩斑斓的生活。

喜剧大师卓别林曾经说过这样一句话：学会说"不"吧！那样，你的生活将会美好得多。

说"不"的策略

在成为外部客观行为之前，说"不"是一种内在主观经验。首先你思考如何说"不"，你说服自己为什么以及是否应该说"不"。当有大声说出"不"的机会时，你希望自己说"不"。想说"不"的意图和欲望不断增强，直到你想一吐为快。

有些人告诉我他们体内的声音用以下方式说"不"："不，我将不让你伤害我。不，我不能再忍受了。不，事情不一定如此。"问题在于，即使你的内心决定说"不"，你也不总是能大声说出"不"并且让别人听到。

为什么是这样呢？由于种种原因，你内部的"不"（说"不"的主观愿望）与外部的"不"（大声说出"不"的客观行为）总是不能协调一致。

例如，当你不想给别人留下差的印象时，你会说"是"——尽管你想说"不"。当你想要某人喜欢你时，你也会说"是"——尽管你想说"不"。小孩在想要说"不"时说"是"，这样他们就能交到朋友。当你疲倦并且没有足够的精力说"不"时，你会说"是"。如此种种，不胜枚举。

决定说"不"既是内部经验又是外部经验。在很多情况下，你都有时间停下来仔细思考一下说"不"是否是最好的回答。令人感到欣慰的是，在很多场合，你都有时间仔细思考如何说"不"，你的直觉使你做出这样的回答，并且你知道"不"是最合适、最安全的回答。

关键在于，如果你觉得而且知道说"不"是合适的，那么就请你说出"不"。

当你感到危险时，请说"不"。倾听自己，相信自己。不要劝说自己说"是"。你并非一定总是和蔼友善，当你受到威胁时，就是你说"不"的紧迫时刻。

如果你想说"不"，但感到不能或者不愿说"不"，那么就要问自己为什么。是因为你害怕说"不"会留下不好的印象？是因为你不想因为说"不"而感到郁闷？是因为你不确信说"不"的结果？还是因为他人使你感到烦闷？请专注于协调你内心的想法和你将大声说出的话。

请思考下列关于说"不"的标志、事例和话语。

"谢绝推销。"这是一位邻居贴在门上的标志。贴这些标志的人想告诉人们，他们对什么人说"不"。你对于你将听到的和你将拒之门外的东西有多清楚?

在读大学时，王春霞在一家杂货店兼职做熟食柜台的服务员。一个繁忙的午餐时间，柜台的另一边有位顾客一边踱步一边自言自语，声音大到足以让其他顾客听到他的咒骂声。他好像在和全世界的人生气似的，并且告诉每个人他不开心。王春霞的同事必须去厨房的冰箱拿他要买的东西。当他离开柜台时，他的愤怒行为开始针对王春霞另外的同事。这时其他顾客开始感到惊恐不安，并且从他身旁走开。

看到了这一切，王春霞心里想："这样不行，我要说说。"尽管王春霞也知道"顾客总是对的"。因此，王春霞直接瞪着那位顾客，清楚、坚定、相当高声地说："先生，她已经去拿你要的东西了。她正尽力满足你的需要并且马上拿来你需要的东西。"

王春霞没有大声说出："不，先生，你的行为不可忍受。"但王春霞大声说出的那些话足以对他表明他的行为不可忍受。

他顿时安静下来，从拿走他买的东西到离开熟食区，一句话也没有说。

一位一直排队等待的顾客亲眼看见了刚才的一幕。当轮到王春霞为她服务时，她说："谢谢你对他说了那些话。我不知道他会怎么做，并且我不知道说什么。"

王春霞认为：第一，顾客不一定总是对的，但也不应该必须对顾客说"不"或者彼此对抗。第二，作为服务人员，必须为自己所服务的人设定一个标准。第三，一般来说，看到卑鄙气人的行径，如果有人大声制止，人们就高兴地欢呼或者说谢谢。

这件事说明，我们能通过有效、清楚、客气的方式说"不"来保护我们自己（在熟食店柜台后面的我和同事）、他人（其他的顾客）、老板（避免顾客的投诉或更糟糕的事情），以及我们老板的品牌。

构造真正说"不"的话语

你想要说"不"并不意味着他人能听到你说"不"。你回答的第一个字就要用"不"，然后再说一个支持你的"不"的句子。如果你想造一个意思是"不"的句子，你就要对下列"说'不'的能力模型"问题回答"是"。

目的："不"这个字是否出现在句首？

选择：你是否知道你没有别的选择和办法？

时间：这个句子能够持续多长时间来清楚表明你的"不"的意思？

情绪：你承认你所要说的有效吗？

权利：你考虑过说"不"的权利、责任、可能的对策以及结果吗？

如果你不能对全部 5 个问题说"是"，你就可能使自己处于一个犹豫不决的立场，而且他人会认为你没有做出决定或者在说"是"。

你还要思考并想象下面的几个问题，以便当你想要说"不"时，你的大脑、心灵和身体都能做好准备。其实"不"的主人已经知道如何做了。

描述一下当你说"不"时你希望发生的事情。

再描述一下在你说"不"之后可能发生的事情。

你将怎样放松并有趣地说"不"（而不会引起他人的痛苦）？

确信你说"不"的能力。专注于你所能做的事情，对其余的事情说"不"。

如果你决定"不"是最合适、最好、最安全、最道德的答案，那么就请说"不"。并根据当时的情况，大声地说出你的回答。

第四章

做"不"的主人——让你从此少受伤

拒绝老板有技巧

任何事情有其结果，必有其起因。当老板的意见不正确，需要你拒绝的时候，一定要提出你拒绝的合理理由。

平白无故地拒绝老板的意见或者老板要你做的事情，如果不说出理由，是极端不礼貌的行为。

在拒绝老板的时候，要注意以下几点：

1. 态度要明确

当老板有了指示或者命令的时候，如果你持不赞同的观点，不要明确地表示拒绝，不要直接地说出"行"或者"不行"，要持有一种保留的态度。持有保留的态度可以避免引起老板的不快。

你的最终目的还是要拒绝老板的不当指令。但是这样做绝对不是说对老板的任何指示或者命令都要持有一种既非"肯定"也非"否定"的暧昧态度。相反，为达到拒绝的目的，最重要的一点是，事先就要确定自己的态度，这样做是为了拒绝老板，不要改变自己的初衷。

有些问题十分重要而又复杂，无法当场决定采取"肯定"或是"否定"的态度，这种时候为了有所保留，不招致老板的不快，就要说：

"我想这个问题很重要，请让我多考虑一些时间。"

"现在一时说不出所以然来，无法马上答复你，请给我两天的时间。"

此时，态度模棱两可则是必要的，关键是要争取缓冲的时间，以便仔细考虑。

鲁迅曾说过："犹豫要走哪一条路的时候，应该好好地定下心来，花费足够的时间以选择要走的路。"

这可以说是有关决断的有益训示。

2. 善于辩解

作为下属，既要懂得拒绝老板，也要知道该如何让老板因为你的拒绝而欣赏你。

要想做到这一点，就要善于辩解。

辩解是辩明理由让对方了解以推动工作，而不是推诿责任。辩解是对自己言行负责的人应有的正确做法。在工作当中，有的人会认为"辩解是有失面子的事情"而保持沉默，这样做的最终结果是失去自己的主见，也是对自己的工作不负责任的表现。

当然，如果为了保护自己而拼命地辩解，也是不好的。

正确的做法应该是，主动说明原因，提供信息，说明不能如此去做的理由，绝不仅仅是保护自己，这才是最好的方法。

一般来说，下属找借口时说话都是慢吞吞或犹豫不决的，同时语调也会变得低沉，但如果是堂堂正正地说明理由时，态度便会热忱而明快，语调也会比较高昂。

向老板说明拒绝的理由时，要口齿清晰，态度明确，如果在讲话的时候语调低沉、态度畏畏缩缩，老板就会认为你是在找借口。

3. 要在拒绝当中成长

作为下属，常常会遇到这样的事情。当老板在某些场合听到一些工作上的新方法后，马上就会在自己的部门实施，还会督促下属说："我想在我们的部门，采用这种新方法来开展工作。"如果本部门适合这样的工作方法还好，但如果本部门的确不适合运用这种新的工作方法，这样做无疑是增加工作难度。这个时候，有的下属就会在私下发牢骚，认为老板这样做是强人所难，也不管行不行得通，就将原来的工作秩序打乱。

发牢骚终归是发牢骚，不能解决任何实际的问题。这时，要想让老板打消这个念头，除非有人勇于拒绝上级或老板的新花样，如果不这样的话，就只有接受领导的这个新花样。

在实际工作当中，照正常情况，一个公司如果想采用一种新的工作方法，应该由组长一类的基层负责人根据实际情况决定是否采用，而不应由老板来考虑。可是如果老板心中有了某种打算，要想消除这将是十分困难的。

那些绞尽脑汁想要设法说服老板的人，可以在这个过程中培养自己的某些能力。

当你认为老板的计划不可实施而加以拒绝的时候，在拒绝的过程中，你或许能发现老板计划中好的一面，认识到从前没有发觉的老板的另一面，这让你和老板之间加深了解，不失为一件好事。

虽然下属在拒绝老板的过程中有可能被老板说服，但自己却会因为受到老板的影响而得以成长。在拒绝的时候，下属可以得到很多实际的锻炼，这包括胆量、思维的敏捷性和口才的发挥等，从而促使自己成长。所以，作为下属，如果想在工作中做出成绩，就要学会拒绝，并勇于拒绝，当然，拒绝也必须是有理有节的，而绝不是无理取闹，更不是胡搅蛮缠。

4. 拒绝的最终结果还是要尊重老板的决策

在工作的时候，如果老板提出的计划是无论如何也行不通的，这时，下属对老板的命令是不是非服从不可呢？经验告诉我们，作为下属，你必须服从老板的最后决定，听从老板的意见，因为最终要负责任的是老板。

这个时候如果你一意孤行，盲目地反对老板的决定，置老板的决定于不顾，按照自己的想法去做，是绝对行不通的。

这个计划如果执行，十有八九会失败，且会造成重大损失，作为下属，就要考虑，是否也非服从不可。下属要如何做最终判断呢？依照下面的方式思考才是正确的做法。

自己的意见显然是正确的，而老板却断然不肯接受时，原则上应先让老板了解你是出于公心，是为工作着想，并且是在万般无奈的情况下才反对的，然后去实行老板的命令。假如你认为按老板命令去做，会对企业造成难以弥补的重大损失，在情况十分危急的紧要关头，你可以以辞职为手段，"要挟"老板取消其命令。当然，这得有个前提条件，即你是一个在工作中老板离不开的人，或这个命令老板只能依靠你去执行。如果不是这样，则可以先接受下来，然后让它在执行中走样、变形，从而降低或消除它的危害性。

总之，作为一个负责任的下属，作为一个充满正义感的下属，要牢牢记住，在任何情况下，都应该把企业的整体利益放在首位。如果你这样做了，老板误解了你，但在事实面前，最终他还是会认识到你是正确的。到时，他就会万分地感谢你，因为是你的坚持，才免除了一场重大损失，也才免除了灾难性后果。

拒绝求爱这样说

如果爱你的人正是你所爱的人，被爱是一种幸福。但是，假如爱你的人并不是你的意中人，或者你一点儿也不喜欢他（她），你就不会感觉被爱是一种幸福了，你可能会产生反感甚至是痛苦，这份你并不需要的爱就成了你的精神负担。

别人爱你，向你求爱，他（她）并没有错。你不欢迎，你拒绝他（她）的爱，你也没错。最关键的是看你怎样拒绝。如果拒绝得恰到好处，对双方都是一种解脱，也可以免去许多麻烦；如果你不讲方式，不能恰到好处地拒绝别人的求爱，你就可能犯错误，不但伤害他人，说不定也会危害自己。

你也许曾经有过这样的左右为难，因为对方实在让人爱不起来。但是，由于是你的上司介绍的，或者是上司的子女，使你在拒绝时产生了犹豫，虽然每次见面都会使你感到不舒服、不愉快，你一想到对方的身份、上司的威严，屡次想谢绝却又不好开口。有时候，也许你为了顾全对方的面子而难以开口说个"不"字，或者慑于对方的威严，你不知所措。你被这份多余的爱折磨得痛苦不堪，不知该如何去做。生活中处在这种矛盾中的人太多了。有些人遇到这些情况时不知该如何拒绝，因处理不当，造成了很不好的后果。

那么该如何巧妙而不失体面地拒绝求爱呢？

首先要做到直言相告，以免产生误会，这是非常必要的。

首先，你若已有意中人，又遇求爱者，那么就直接明确地告诉对方，你已有爱人，请他（她）另选别人，而且一定要表明你很爱自己的恋人。同时，切忌向求爱者炫耀自己恋人的优点、长处，以免伤害对方的自尊心。

倘若你认为自己年纪尚小，不想考虑个人问题，那正好，你可以直言不讳，讲明情况。

其次，倘若你不喜欢求爱者，根本没有建立爱情的基础，可以在尊重对方的基础上婉言谢绝。

对自尊心较强的男性和羞涩心理较重的女性，适合委婉、间接地拒绝。因为有这类心理的人，往往是克服了极大的心理障碍，鼓足勇气才说出自己的感情，一旦遭到断然地拒绝，很容易感觉受到了伤害，甚至痛不欲生，或者采取极端的手段，以平衡自己的感情创伤。因此拒绝他们的爱，态度一定要真诚，言语也要十分小心。你可以告诉他（她）你的感受，让他（她）明白你只把他（她）当朋友，当同事或者当兄妹看待，你希望你们的关系能保持在这一层面上，你不愿意伤害他（她），也不会对别人说出你们的秘密。

你不妨说："我觉得我们的性格差异太大，恐怕不合适。"

"你是个可爱的女孩，许多人喜欢你，你一定会找到合适的人。"

"你是个很好的男人，我很尊重你，我们能永远做朋友吗？"

"我父母不希望我这么早谈恋爱，我不想伤他们的心。"

如果这些自尊和羞涩感都挺重的人没有直接示爱，只是用言行含蓄地暗示他们的感情，那么你也可以采取同样的办法，用暗含拒绝的语言，用适当的冷淡或疏远来让他（她）明白你的心思。

要记住，拒绝别人时千万不要直接指出或攻击对方的缺点或弱点，因为你觉得是缺点或弱点的东西，对他（她）自己来说也许并不认为是缺点。所以，不能以一种"对方不如自己"的优越感来拒绝对方。特别是一些条件优越的女青年，更不能认为别人的求爱是"癞蛤蟆想吃天鹅肉"一推了之，或不屑一顾、态度生硬，让人难以接受。

不过，对于带有骚扰性的某些"求爱"方式，就不必手下留情，一定要果断出击。

张京对同事小洁暗恋已久，这天，他终于鼓起勇气约小洁出来看电影。小洁也觉察到了张京的感情，无奈自己对他实在没有"触电"的感觉，于是对他说："真是对不起。这段时间我正在上夜大的电脑培训班，每天晚上都有课。上完夜大后又要准备英语的等级考试，实在没有看电影的空闲时间。要不，你找刘伟吧，你们哥俩不是常在一起讨论好莱坞的影片吗？"张京听了，只好悻悻而归，从此再也没向小洁提出过约会的请求。

看一场电影只需要一两个小时的时间，如果小洁愿意接受张京的话，怎么也能抽出点儿时间来赴约，而她的推辞却根本没有流露出任何的遗憾和改日赴约的愿望。想清楚了这一点，张京自然明白小洁的拒绝之意，只得收回自己的感情。

暗示已经有了意中人，使对方知难而退。

由于约会是恋爱的前奏，当对方刚刚提出约会，尚未表露爱意时，可以"先发制人"，间接说明已经心有所属。对方听了之后，明白自己希望渺茫，自然不会强求，有时甚至会为了避免尴尬，还会找理由取消此次约会。

郭建对新来的同事孙红一见钟情，星期五下午下班前，他打电话给孙红："我听朋友说，这两天香山的枫叶红得最美，你有兴趣和我一起去看看吗？"孙红立刻明白了他的意思，于是笑着答道："哎呀，真是不巧。明天恰好我男朋友的妈妈过生日，我要赶着去拜寿，要不我们改天再叫几个朋友一起去吧？"郭建听了，心里凉了半截，只得敷衍道："那……那就以后再说吧！"

孙红以男朋友的母亲过生日为由，既推掉了郭建的邀请，又表明自己已"名花有主"，郭建只好识趣地知难而退，不会再提出什么约会的邀请了。

无论如何，在爱情的历程中，当遇到不满意或不能接受的求爱时，最好采用恰当的语言，婉言拒绝，巧妙收场。

说得巧，逐客令也能变得美妙动听

古人云："有朋自远方来，不亦乐乎。"友人来访，彼此促膝长谈，交流思想，应该是令人十分愉快的事。

但现实生活中也有与此截然相反的情况。茶余饭后，你刚想静下心来读点儿书或者做点儿事，不料不请自来的长舌客扰得你心烦意乱。他东家长西家短，没完没了，一再重复着你毫无兴趣的话题，而且越说越来劲儿。你勉强敷衍，心不在焉，焦急万分，想对他下逐客令，但又怕伤感情，难以启齿。那么，该怎样对付长舌客呢？最好的对付办法是运用高超的语言技巧把逐客令说得美妙动听，这样你就能两全其美，既不挫伤其自尊心，又能使其知趣地告别。

下逐客令时，主人必须掌握两条原则。

有情。长舌客一般是邻居、亲戚、同学、同事，主客之间相当熟悉，切忌用冷冰冰的表情和尖刻刺耳的语言刺伤对方，一定要使对方感觉到主人对他还是很有情谊的。有情，才能使逐客令真正变得美妙动听。

有效。要使长舌客听了你得体的话语后明显减少来访的次数，缩短闲扯的时间，这样，主人的语言技巧便真正起到了逐客的作用。

淡化感情色彩，间接地表达你的不满

旁敲侧击，比喻说话、写文章不从正面直接点明，而是从侧面曲折地表明观点或加以讽刺、抨击。

在公众活动中，可能经常遇到让人尴尬而不满的情景。在这种情景下是不该强硬地表达不满的，而应该淡化感情色彩。

美国前总统威尔逊在一次竞选演讲中，遭到一个捣乱分子的挑衅。演讲正在进行，捣乱分子突然高声喊叫："狗屁！垃圾！臭大粪！"这个人的意思很明显，是骂威尔逊的演讲臭不可闻，不值得一听。威尔逊对此感到非常生气，但只是报以微微一笑，安慰他说："这位先生，我马上就要谈到你提出的环境脏乱差的问题了。"随之，听众中爆发出掌声、笑声，为威尔逊的机智幽默喝彩。

社交场合碰到别人的不恭言行，还真不能发作，但憋在心里也不好受。告诉他你不高兴，但在话中别出现"不高兴"这个词。把表示不满的语言的感情色彩淡化一下，让对方知道你不高兴，又不致破坏友好气氛，是个不错的方法。

不想借给别人钱时怎么说

在人际交往中，借钱本来就是个十分敏感的话题，尤其当好朋友向自己借钱时，那个"不"字就更难说出口了。这时，你可以借鉴下面的几个方法，让借钱之人知难而退。

1. 义正词严

小王的一个很久不曾联系的高中同学跑来向他"借"钱，声称等存款到期了就立刻还钱。

小王听后哑然失笑，当即毫不留情地说：

"你别坑我了，我听说你现在到处借钱，两年前你向我们的同学辉子借的 2000 元，到今天还没还，哪可能还有什么存款来还我呀！"

听完这番话，来"借"钱的人只好灰溜溜地走了。

有些人借钱时喜欢虚张声势，不会承认自己没钱，而是声称自己很有钱，只不过暂时拿不到，因为"急用"，让你暂且"借"一下。面对这种人，你不妨根据自己掌握的信息，毫不客气地揭穿对方的老底，让对方无法再蒙骗过关。

2. 提高警惕

老李的一个朋友来找老李借钱，说生意势头很好，只是本钱比较紧张，希望老李能借 2 万元作本钱，并声称每月的利息高达 5 分。

老李是个处事稳重的人，他觉得如此高的利息确实诱人，但利息越高可能风险也越大，于是他心里开始琢磨这事的可信性。他问对方：

"你借我 2 万元本钱，一年可挣回多少利润啊？"

"5000 元。"没做准备的对方信口开河，接着又说："1 年期满后我连本带利分文不差归还！"

这下老李严肃起来，反驳道：

"你向我借这笔钱，一年的利息高达 1.2 万元，而你利用这笔钱仅能挣 5000 元利润。那么，你是专程来让我挣利息的还是在为你自己做生意的？"

老张的反驳让对方哑口无言，只得狼狈而逃。

有些人专会利用大多数人想以钱生钱的发财心理，假借"高利"的幌子向朋友"借"钱，实则是在骗钱。如果你碰到了这种人，一定要头脑清醒、提高警惕，在心中盘算盘算事情的可信度，当场辩驳对方。

3. 索债转移

老张一个朋友突然造访，说是要借 1 万元去做点儿生意，老张不想把钱借给他。于是说：

"你来得正好！云飞公司欠我半年的工资，咱们一起去要，要回来你拿去用就是了！"紧接着又说：

"不过，那家公司老板是个泼皮，还养着一群保镖打手，不讲理得很呢！"

老张的朋友闻之色变，主动托故离去。

当有人向你借钱，你又不好意思直接拒绝的话，不妨试试这"索债转移"的技巧，不是你不把钱借给对方，而是给向你借钱的人设置了一个帮你把债务讨回来的前提条件，让对方知难而退。这样，既给了对方面子，又不会使自己吃亏。

当别人打探你的隐私时该怎样说

隐私本是一个人内心深处的不愿被别人知道的东西，但是在人际交往中，有些人总是会有意或无意地触及别人的隐私。不管问的人动机如何，一旦被问的人回答不好，很有可能会产生一些不良的后果。那么当你面对被问及隐私时该怎样回答呢？下面的几种方法不妨一试。

1. 答非所问

菲律宾前总统科拉松·阿基诺夫人，在出席一次记者招待会时，记者问她有多少件旗袍礼服，科拉松·阿基诺夫人不假思索地回答："我所有的旗袍礼服，都是第一流服装设计师奥吉立德罗为我设计的。你知道吗？她经常向我提供最新流行的服装样式。"

别人问数量，她却回答是谁设计的，这样回答明显属文不对题，然而，那位记者却知趣地不再追问了。

2. 似是而非

有一位女名人准备与一位考古学家结婚，朋友问："你为什么会选择考古学家？"她一本正经地回答：

"对一个女人来说，选择考古学家做丈夫是最明智的选择，因为这样一来，她就不用担心衰老，考古学家对越古老的东西越感兴趣。"

似是而非的回答往往让那些爱探听隐私的人无功而返，它的奇妙之处就在于听上去你像是在回答对方的问题，但其实并不是对方想要的答案。

3. 绕圈子

世界著名男高音歌唱家帕瓦罗蒂不愿把自己的体重公开，于是，当有人问他现在体重多少时，他说："比过去轻。"再追问他过去多重时，他说："比现在重。"他用的是和对方绕圈子的技巧，绕来绕去，最后对方还是什么信息也得不到。

4. 否定问题

著名影星、孙悟空的扮演者六小龄童，在一次记者招待会上，有一位记者问他："当初谈恋爱，你和于虹（六小龄童的妻子）谁追的谁？"六小龄童回答：

"到底谁追谁，有什么重要？我们都没有想过要'追'对方，因为不是在赛跑，一个在前一个在后，我们是夜空中的两颗星星，彼此对望了几个世纪，向对方眨着眼睛，传递着情意。终于有一天，天旋地转，我们就像磁石的两极碰到一起，吸在一起了。"

六小龄童根本就没有回答对方的问题，而是一开始就否定了对方问题的前提，即认为两人谈恋爱不一定是一方主动追另一方，随后便对两人的爱情做了一个浪漫、精彩的比喻。这样既回答了记者的提问，又没有透露自己的隐私。生活中，遇到有人打听隐私的时候，这不失为一个好办法，从一开始就否定对方的问题，自然也就不用按照他的提问来回答了。

5. 直言相告

有一位女士因公出差，在火车上和旁边的一位看起来挺有涵养的男士交谈起来。谁知，谈着谈着，男士突然话题一转，问了一句：

"你结婚了吗？"

女士一听顿时心生反感，但是她态度平和地对那位男士说：

"先生，我听人说过这样一句话，前半句是'对男人不能问收入'，所以我一直没打听你的收入；后半句是'对女人不能问婚否'，所以你这个问题我是不能回答了。请你原谅。"

有时候，对方打听你的隐私时，你可以开门见山，指出对方问话的不当，直言相告，表达自己的不满。

面对无理要求时如何说

面对无理要求时，盲目答应当然不行，但是一概地严厉拒绝，也非最佳解决问题之道，下面的两种解决方式可以使你既能拒绝对方，又能不惹恼他，是处理这种难题的首选。

1. 让对方主动放弃

一位老师，她弟弟因为一场纠纷，被人告上了法庭，而接案的法官恰恰是她昔日的得意门生。一天晚上，这位老师前往学生家，希望他能念在师生的情面上，帮帮她弟弟。法官显然有些为难，既不能徇私枉法，又不能得罪恩师。于是，他说：

"老师，我从小学到大学毕业，您一直是我最钦佩的语文老师。"

老师谦虚地说："哪里哪里，每个老师都有他的长处。"

法官接着说：

"您上课抑扬顿挫，声情并茂。尤其是上《葫芦僧判断葫芦案》那一堂课，至今想起来记忆犹新。"

语文老师很快就进入角色了："我不仅用嘴在讲，也是用心在讲啊。薛蟠犯了人命案却逍遥法外，反映了封建社会官官相护、狼狈为奸的黑暗现实。"

法官接着感叹，"记得当年老师您讲授完这一课，告诫学生们，以后谁做了法官，不要做'糊涂官'，判'糊涂案'，学生一直以此为座右铭呢。"

本来这位老师已设计好了一大套说辞，但听到学生的一番话，再也不好意思开口了，自动放弃了不合理的请求。

2. 用"类比"反驳对方

一家公司的经理在一次业务谈判中，受到了另一家公司业务员的顶撞。为此，他气冲冲地找到另一家公司的经理，吼道：

"如果你不向我保证，撤销上次那个蛮横无礼的工作人员的职务，那么显然就是没有诚意和我公司达成协议！"

这家公司的经理听了微微一笑，说：

"经理先生，对于工作人员的态度问题，是批评教育还是撤职处理，完全是我们公司的内部事务，无须向贵公司做什么保证。这就同我们并不要求你们的董事会一定要撤换与我公司工作人员有过冲突的经理的职务，才算是你们具有与我公司达成协议的诚意一样。"

先前怒气冲冲的经理顿时哑口无言。在这里，后一家公司的经理就巧妙地运用了类比的技巧。虽然说这两家公司有很多不同之处，但有一点却是相似的，即两家公司对工作人员或经理的处理完全是各公司的内部事务，与和对方有没有诚意合作无关。该经理就是抓住了这一相似点作比，从而敬告了对方所提要求的过分和无理，表达了对其态度蛮横的不满。

对上司也要学会拒绝

不知道你遇过这样的事情没有？上司突然叫你做一件难度很高的工作，或者请你拜访客户时"顺道"帮他买些杂志。是答应还是拒绝呢？

答应下来吧，可能要连续加几个晚上的班才能帮完这个忙，或者为了买他指定的杂志，你得多花半个小时，绕个大圈才能回到公司。可是你又不能说拒绝，因为你不想给上司留下不好的印象，但是如果你一直答应着，那么麻烦的事情可能就会接踵而来。

有一次上司请大家一起吃蛋白粉，有一个叫晶晶的女孩提到她的妈妈恰好能以比较便宜的价格批发。上司很感兴趣地叫晶晶帮着带。开始时是一包两包，后来，同事的亲戚、朋友，也都托她带，一段时间里，晶晶好像成了蛋白粉义务销售员，常常拎着大包小包去上班。几次之后，妈妈嫌麻烦，不愿意再带回家。晶晶只好直接从妈妈单位取了再送去公司。现在，买蛋白粉成了件麻烦事，可每次推托的话到了嘴边，又都咽回去了。

还有个女孩也遇到了晶晶这样的麻烦。第一次上司说要交手机费，但是一直忙得没有时间去交。而交手机费的银行却正好在她上班的路上，于是她决定帮上司交一次手机费。没想到上司每月都要她帮着交手机费、电费、煤气费、水费，等等。麻烦一点也就算了，问题是，每次交费，还要替上司垫付一部分钱。有一次，上司出差很长时间，暂时需要她垫付，可是她只是一个刚工作的员工，哪里有那么多钱来周转？

这样的事情真是太多了！你可能会如此想："我是新人，我多做事，总可以挣得正面的印象分吧。"还有一点就是，"艺术地拒绝别人，很伤神的，还不如有求必应更省事，也能挣得一个好人缘"。但问题是，这个好人缘对你的事业发展有没有用？在你心甘情愿地陷入大量事务性的工作之后，上司对你的印象竟然是：他乐于做这些事，可见他身上有一种"保姆情结"，缺乏创意和个性的。你是不是要大喊冤枉？

作为一个下属，要对上司说"NO"是需要勇气的，不过，就算你有勇气，没有策略也是不行的。

怎样才能做到不仅拒绝了上司，而且还让上司心服口服呢？可直接解释不得不推辞的理由。

虽然你很荣幸，老板看得起你，相信你可以完成不可能完成的任务，但是不断堆积的工作，事实上会妨碍工作的正常进行。要对付这种奴役型的老板，千万别强调庞大的工作量如何影响了你的私人生活。

比如，你不应该说："因为你给我的工作太多了，我错过了我父亲的六十大寿和我的大学同学聚会。"相反地，应该将重点放在他的管理风格对公司会造成什么影响上。

比如：你的手边已经有了一大堆工作要做，上司却临时交给你新的工作，工作量可能很快就像滚雪球般大到无法控制。这时，你可以直接这样解释："老板，能不能请您稍微缓一缓再继续安排任务？即使是最优秀的员工，也需要休息！我可不想为了速度而牺牲工作质量。"

或者你可以采取更为婉转的回绝方式："老板，能不能请您告诉我，我是先做您安排的项目，还是先把明天会议的资料整理出来？"通过类似的提问，让他明白，应该区分工作的轻重缓急，免得盲目指挥，给下属工作带来不便。

如果你能这样恳切地与上司交谈，一般上司也不会为难你，反而认为你是一个工作很努力且认真负责的下属。

对规定的工作期限提出异议

如果领导为你定下"疯狂"的工作期限，你只需解说这项工作内容的繁重，并举例说明同样的工作量需要领导规定限期的几倍，给领导一定的考虑和决断时间后，再要求延期。如果限期仍旧铁定不变，那么你也可以请求领导聘请临时员工。此时，领导可能会欣赏你的坦率，你也可能会被认为既对完成计划有实际考虑，又对工作有一种积极的态度。不少领导都表示会晋升那些能准确评估完成工作时间的员工。

从困难一肩挑到用事实拒绝

"什么事情交给 Tina 我就放心了。" Tina 进公司三年，这是老总常挂在嘴边的话。开始 Tina 很高兴，但时间一天天过去，交给她的任务越来越多：

Tina，这个方案你盯一下；

Tina，这个客户恐怕只有你能对付；

Tina，杭州的那个项目人手不够，你顶一下。

老总为某事抓狂时，必会打开房门大叫 Tina。

Tina 手里的事情多到了加班加点也做不完，眼看再这样下去身体就要透支了。可周围很多同事闲得两眼发呆，薪水却并不比她少几分。Tina 想，也许再忍忍就会有升职的机会，然而机会一次次走到跟前就拐了弯。后来 Tina 从人事部的一位师姐口里得知，关于她升职的事中层主管会讨论过 N 次，每次都被老总挡了，说什么 Tina 虽然业务能力不错，但管理能力不足，需要再锻炼锻炼。"你想想，如果你升职了，他上哪儿找这么任劳任怨的万能胶？"师姐说。

Tina 很气愤，回家和老公抱怨。老公居然说，如果我是你们老板也不会升你的职，一个不懂拒绝的人怎么去管理别人？Tina 仔细想想，竟觉得有几分道理。

老总再次给她加工作量时，Tina 鼓足勇气说："我手里有三个大项目，十个小项目，我担心时间安排不过来。"老总的脸立刻变了，好像非常失望："可是，这个项目只有你去做我才放心。""那好吧，我赶一赶。"说完这句话，Tina 恨不得咬掉自己的舌头。看到老总拉下来的脸，一个大胆的念头突然冒了出来："不过，要按期保质完成，我需要几个帮手。"Tina 轻描淡写地说。老总惊讶地看着她，终于笑着说："我考虑一下。"

Tina 知道如果给自己派助手相当于变相升职，老总不会轻易答应。但如果他不答应这个条件，也就不好把新任务硬塞给自己。

果然，老总再没提加新任务的事，对她也破天荒地关心有加。

毕竟他不想担一个虐待下属的名声。

"会哭的孩子有奶吃"是职场定律。

Tina 没有大张旗鼓地拒绝老总，而是委婉地摆出时间和精力上的困难，让老总明白自己既不是超人也不是傻瓜。这样做，既顾全了老总的脸面，又保全了将来加薪升职的机会。

利用集团力量掩饰自己的拒绝

如果你被领导委派完成某件事，其实很想拒绝，但又说不出口，此时，你不妨拜托其他两位同事与你一起去领导那里。这并非所谓的三人战术，而是依靠多人的力量来掩护你拒绝的目的。

首先，商量好谁是赞成的一方，谁是反对的一方，然后在领导面前讨论。等到讨论片刻后，你再出面说："原来如此，那就太牵强了。"而靠向反对的一方。

这样，你不必直接向领导说"不"也能表明自己的态度了。这种方法会给人一种"你们是经过激烈讨论后才下结论"的印象，而包括领导在内的所有人都不会有一方感到受了伤害，领导也会很自然地放弃对你的命令。

不攻自破

丰臣秀吉是日本幕府时代权倾朝野的摄政大臣。一人之下，万人之上。没有人敢对他说个"不"字。

有一年，大阪城下的松蘑大丰收。秀吉有一天突然心血来潮，命令下属准备一下，次日随他上山采摘松蘑。

这可让他的一帮部下急坏了。因为当时城外的野生松蘑早就被农民采光了！若是采不到，老虎一发威，可不是闹着玩的。

下属们绞尽脑汁，终于想出了一条计谋。他们到附近村落里紧急收购了一批松蘑，并连夜悄悄地把松蘑埋在地上，就好像是野生的一样。第二天一大早，丰臣秀吉便带着下属们来采松蘑了。

"啊呀，这蘑菇真好。真没想到现在还有这么好的蘑菇！"秀吉赞叹道。

"其实这蘑菇是他们怕您采不到而降罪，昨晚连夜插上去的。"其中一个下属如实相告。

众人见状吓得魂飞魄散，以为难逃一死了。丰臣秀吉点了点头，叹了一口气说："我本人也曾当过农民，怎么会看不出其中的蹊跷。大家为了我而辛苦了一夜，这份苦心，我又怎么会怪罪呢？为了感谢大家，这些松蘑就分给你们去品尝吧！"

面对这个没人敢说"不"的人物，聪明的下属们巧用心机，让他自动放弃了自己不切实际的需要。属下的行为使丰臣秀吉明白了众人的一片苦心。这份苦心又是对丰臣秀吉无声的赞美，赞美他拥有的权力和地位。他有支配下属生死的地位，他们竭尽全力地满足自己的愿望。想到这些，丰臣秀吉自然会在心理上产生满足感。

所以，当你的上司向你提出了你不可能做到的要求，只要你竭尽全力为他的要求忙碌，领导一般都会发现自己的要求过分了，而主动放弃它。虽然你没有满足上司的要求，但同样会博得他的好感。

我们的一生，都是在不断拒绝中度过的。但若拒绝不是采用合适的方法或相应的技巧，就可能会给对方造成伤害，甚至引发怨恨和不满，最终导致人际关系破裂，让自己陷入被动的麻烦境地中。

以请假的形式拒绝上司

27 岁的沈璐是某外企市场部的副经理，聪明能干。

上司每次约见重要客户都要带着沈璐，因为她是最漂亮，并仍旧单身的女孩。这种应酬最直接的后果是，沈璐经常被一些真心或假意的男人骚扰。烦的是上司还要发话："这是重要客户，不可得罪。"很多时候，沈璐都忍受着，不知道该如何拒绝上司，该如何拒绝客户。

一次，沈璐认识了一位 35 岁的"钻石王老五"，"王老五"似乎对沈璐很欣赏，频频向她发出私约邀请。出于不可得罪的规矩，沈璐随叫随到，不想"王老五"一根筋，认准沈璐的不拒绝是默认接受。其实"王老五"人是不错，只可惜不是沈璐喜欢的类型。可是"王老五"的爱情攻势日见猛烈，在工作上还有求于人，沈璐不禁进退两难。

终于有一天，可怕的时刻到来了。"王老五"买了一枚昂贵的戒指，突然向沈璐求婚了。

"我有男朋友了。"沈璐冷静地盯着他说。

"我问过你们老总，他说了你没有。"

"我现在想以事业为重，不想谈恋爱。"

"没关系，我很有耐心，我们可以慢慢相处。""王老五"死心不改。

沈璐想来想去，这个事情要和上司好好谈谈。

沈璐是这样对上司说的："首先，我不是交际花，如果工作需要我去出席某种场合，我可以去，但是像这样的骚扰我不希望有，我希望您能尊重我的隐私，不要将我的私人情况告诉给客户。其次，这段时间我很累，我想好好休息，请给我三天假期，让我好好清静一下。"

上司看了看沈璐，微笑着说："对不起！"

很多时候，上司并没有什么恶意。他也许真的只是想为你安排一段美好的姻缘，只是他并不了解你的需要。所以，一旦事情发生后，要学会使用一些技巧来拒绝上司，让上司明白，他的安排，你并不喜欢，也不需要。

引用名言或俗语

汉光武帝刘秀的姐姐湖阳公主丧偶后，看中了才貌双全的大臣宋弘。

刘秀想为姐姐撮合，他特意招来宋弘，以言相探："俗话说，人的地位高了，就会改换自己结交的朋友；人富贵了，就会改换自己的妻子。这是人之常情吗？"

宋弘回答说："我听说贫贱之交不可忘，糟糠之妻不下堂。"表示愿与原配之妻白头偕老。

宋弘告退后，刘秀对躲在屏风后面偷听的湖阳公主苦笑道："皇姐，这件事办不成了！"

宋弘深知圣意，但他进退两难。答应了吧，就违背了自己的做人原则，也对不起贫贱相扶的妻子；含糊其词吧，还可能招来更多的麻烦；直接拒绝吧，既不得体，又会冒犯龙意。所以，他就委婉地表明了自己的态度。

支援上司是不变的法则

口述人：张欣（26 岁，投资咨询公司经理助理）

我在目前这个单位已经工作三年了，不管是环境还是领导，以及周围的同事都令我非常满意。但是突然，我的顶头上司要调动工作了，他要离开公司，临走的时候请我喝茶。

他语重心长地说："和你在一起工作非常开心，由你做我的助理我也非常放心，所以我希望你能跟我一起走，我们到新的单位更好地发展。"我知道我的顶头上司要去的单位比这里要好很多，不管是薪水，还是其他。但是我仔细想了想，我和上司的情况不同，上司是别人请过去的，而我如果去了，只是上司的一个附带品，别人未必会像对待他一样对我。而且进入一个新的环境，我还要重新融合进去，这是需要花费时间和精力的！而我不想离开已经相处了三年的同事，还有手中的这份工作。

但是，如果直接拒绝了上司，显然不好。虽然以后他不再是我的上司了，但是我依然要为他着想。于是，我想了想，说："我也非常非常喜欢和您在一起工作，但是我和您不同，您的处事能力和思维能力，都是我望尘莫及的。再说，我对新的公司一点都不了解，这恐怕对您的工作不利。"上司听了直点头："也是，到时候就我俩一个办公室，我们都不熟悉业务和公司的运转情况，那该如何是好？"

我们俩都笑了，上司最后笑着说："等我混好了，你想跳槽了，就来找我吧！"我也笑了。虽然我不知道上司说带我一起过去，是出于真心，还是在炫耀自己的跳槽。但是，支持上司、站在他的角度上考虑问题，是永远不变的法则。

不要以为上司比你官职大，就不需要你的支持。让上司感觉到你对他的支持，是对他工作最大的肯定，也是对他尊敬的最好体现！

上述的例子提示我们：对上司说"NO"，该张口时别犹豫。只要你遵循：委婉，不伤及上司的自尊与威信；巧用事实进行暗示；适当场合正面提及，言辞恳切，多为对方着想。谨记这些准则，你就一定能让自己走出职场中的尴尬地带，快乐地与上司共事。